Fables

Ivan Andreyevich Krylov

Басни

Иван Андреевич Крылов

Fables

Contact:
IndoEuropeanPublishing@gmail.com

ISNB: 978-1-60444-805-4

Алкид[1]

Алкид, Алкмены сын,
Столь славный мужеством и силою чудесной,
Однажды, проходя меж скал и меж стремнин
Опасною стезей и тесной,
Увидел на пути, свернувшись, будто ёж
Лежит, чуть видное, не знает, что такое.
Он раздавить его хотел пятой. И что ж?
Оно раздулося и стало боле вдвое.
От гневу вспыхнув, тут Алкид
Тяжелой палищей своей его разит.
Глядит,
Оно страшней становится лишь с виду:
Толстеет, бухнет и растет,
Застановляет солнца свет,
И заслоняет путь собою весь Алкиду.
Он бросил палицу и перед чудом сим
Стал в удивленьи недвижим.
Тогда ему Афина вдруг предстала.
«Оставь напрасный труд, мой брат!» она сказала:
«Чудовищу сему название Раздор.
Не тронуто,— его едва приметит взор;
Но если кто с ним вздумает сразиться,—
Оно от браней лишь тучнее становится,
И вырастает выше гор».

---

[1]Алкид — Геракл, сын Зевса и Алкмены, любимый герой древнегреческих
сказаний, совершивший ряд чудесных подвигов.

Апеллес[2] и Осленок

Кто самолюбием чрез-меру поражен,
Тот мил себе и в том, чем он другим смешон;
И часто тем ему случается хвалиться,
Чего бы должен он стыдиться.

С Осленком встретясь, Апеллес
Зовет к себе Осленка в гости;
В Осленке заиграли кости!
Осленок хвастовством весь душит лес
И говорит зверям: «Как Апеллес мне скучен,
Я им размучен:
Ну, всё зовет к себе, где с ним ни встречусь я.
Мне кажется, мои друзья,
Намерен он с меня писать Пегаса».—
«Нет», Апеллес сказал, случася близко тут:
«Намеряся писать Мидасов суд[3],
Хотел с тебя списать я уши для Мидаса;
И коль пожалуешь ко мне, я буду рад.
Ослиных мне ушей и много хоть встречалось,
Но этаких, какими ты богат,
Не только у ослят,
Ни даже у ослов мне видеть не случалось».

---

[2] Апеллес — знаменитый древнегреческий живописец.
[3] Мидасов суд — греческое сказание о критском царе Мидасе, которого Аполлон пригласил судить его игру на лире и игру бога реки Марсия на флейте. Разгневавшись за то, что Мидас предпочел игру Марсия, Аполлон наградил Мидаса ослиными ушами.

Безбожник

Был в древности народ, к стыду земных племен,
Который до того в сердцах ожесточился,
Что противу богов вооружился.
Мятежные толпы, за тысячью знамен,
Кто с луком, кто с пращей, шумя, несутся в поле.
Зачинщики, из удалых голов,
Чтобы поджечь в народе буйства боле,
Кричат, что суд небес и строг и бестолков;
Что боги или спят, иль правят безрассудно;
Что проучить пора их без чинов;
Что, впрочем, с ближних гор каменьями нетрудно
На небо дошвырнуть в богов
И заметать Олимп стрелами.
Смутяся дерзостью безумцев и хулами,
К Зевесу весь Олимп с мольбою приступил,
Чтобы беду он отвратил;
И даже весь совет богов тех мыслей был,
Что, к убеждению бунтующих, не худо
Явить хоть небольшое чудо:
Или потоп, иль с трусом гром,
Или хоть каменным ударить в них дождем.
«Пождем»,
Юпитер рек: «а если не смирятся
И в буйстве прекоснят, бессмертных не боясь,
Они от дел своих казнятся».
Тут с шумом в воздухе взвилась
Тьма камней, туча стрел от войск богомятежных,
Но с тысячью смертей, и злых, и неизбежных,
На собственные их обрушились главы.

Плоды неверия ужасны таковы;
И ведайте, народы, вы,

3

Что мнимых мудрецов кощунства толки смелы,

Чем против божества вооружают вас,

Погибельный ваш приближают час,

И обратятся все в громовые вам стрелы.

Бедный Богач

«Ну сто́ит ли богатым быть,

Чтоб вкусно никогда ни съесть, ни спить

И только деньги лишь копить?

Да и на что? Умрем, ведь всё оставим.

Мы только лишь себя и мучим, и бесславим.

Нет, если б мне далось богатство на удел,

Не только бы рубля, я б тысяч не жалел,

Чтоб жить роскошно, пышно,

И о моих пирах далеко б было слышно;

Я, даже, делал бы добро другим.

А богачей скупых на муку жизнь похожа».

Так рассуждал Бедняк с собой самим,

В лачужке низменной, на голой лавке лежа;

Как вдруг к нему сквозь щелочку пролез,

Кто говорит — колдун, кто говорит — что бес,

Последнее едва ли не вернее:

Из дела будет то виднее,

Предстал — и начал так: «Ты хочешь быть богат,

Я слышал, для чего; служить я другу рад.

Вот кошелек тебе: червонец в нем, не боле;

Но вынешь лишь один, уж там готов другой.

Итак, приятель мой,

Разбогатеть теперь в твоей лишь воле.

Возьми ж — и из него без счету вынимай,

Доколе будешь ты доволен;

Но только знай:

Истратить одного червонца ты не волен,

Пока в реку не бросишь кошелька».

Сказал — и с кошельком оставил Бедняка.

Бедняк от радости едва не помешался;

Но лишь опомнился, за кошелек принялся,

И что́ ж?— Чуть верится ему, что то не сон:

Едва червонец вынет он,

Уж в кошельке другой червонец шевелится.

«Ах, пусть лишь до утра мне счастие продлится!»

Бедняк мой говорит:

«Червонцев я себе повытаскаю груду;

Так, завтра же богат я буду —

И заживу, как сибарит».

Однако ж поутру он думает другое.

«То правда», говорит; «теперь я стал богат;

Да кто́ ж добру не рад!

И почему бы мне не быть богаче вдвое?

Неужто лень

Над кошельком еще провесть хоть день!

Вот на дом у меня, на экипаж, на дачу,

Но если накупить могу я деревень,

Не глупо ли, когда случай к тому утрачу?

Так, удержу чудесный кошелек:

Уж так и быть, еще я поговею

Один денек,

А, впрочем, ведь пожить всегда успею».

Но что́ ж? Проходит день, неделя, месяц, год —

Бедняк мой потерял давно в червонцах счет;

Меж тем он скудно ест и скудно пьет;

Но чуть лишь день, а он опять за ту ж работу.

День кончится, и, по его расчету,

Ему всегда чего-нибудь недостает.

Лишь кошелек нести сберется,

То сердце у него сожмется:

Придет к реке,— воротится опять.

«Как можно», говорит: «от кошелька отстать,
Когда мне золото рекою са́мо льется?»
И, наконец, Бедняк мой поседел,
Бедняк мой похудел;
Как золото его, Бедняк мой пожелтел.
Уж и о пышности он боле не смекает:
Он стал и слаб, и хил; здоровье и покой,
Утратил всё; но всё дрожащею рукой
Из кошелька червонцы вон таскает.
Таскал, таскал... и чем же кончил он?
На лавке, где своим богатством любовался,
На той же лавке он скончался,
Досчитывая свой девятый миллион.

Белка

В деревне, в праздник, под окном
Помещичьих хором,
Народ толпился.
На Белку в колесе зевал он и дивился.
Вблизи с березы ей дивился тоже Дрозд:
Так бегала она, что лапки лишь мелькали
И раздувался пышный хвост.
«Землячка старая», спросил тут Дрозд: «нельзя ли
Сказать, что делаешь ты здесь?» —
«Ох, милый друг! тружусь день весь:
Я по делам гонцом у барина большого;
Ну, некогда пи пить, ни есть,
Ни даже духу перевесть».
И Белка в колесе бежать пустилась снова.
«Да», улетая, Дрозд сказал: «то ясно мне,

Что ты бежишь — а всё на том же ты окне».
Посмотришь на дельца иного:
Хлопочет, мечется, ему дивятся все:
Он, кажется, из кожи рвется,
Да только всё вперед не подается,
Как Белка в колесе.

Бочка

Приятель своего приятеля просил,
Чтоб Бочкою его дни на три он ссудил.
Услуга в дружбе — вещь святая!
Вот, если б дело шло о деньгах, речь иная:
Тут дружба в сторону, и можно б отказать;
А Бочки для чего не дать?
Как возвратилася она, тогда опять
Возить в ней стали воду.
И всё бы хорошо, да худо только в том:
Та Бочка для вина брана откупщиком,
И настоялась так в два дни она вином,
Что винный дух пошел от ней во всем:
Квас, пиво ли сварят, ну даже и в съестном.
Хозяин бился с ней близ году:
То выпарит, то ей проветриться дает;
Но чем ту Бочку ни нальет,
А винный дух всё вон нейдет,
И с Бочкой, наконец, он принужден расстаться.

Старайтесь не забыть, отцы, вы басни сей;
Ученьем вредным с юных дней
Нам сто́ит раз лишь напитаться,
А там во всех твоих поступках и делах,
Каков ни будь ты на словах,
А всё им будешь отзываться.

Бритва

С знакомцем съехавшись однажды я в дороге,
С ним вместе на одном ночлеге ночевал.
Поутру, чуть лишь я глаза продрал,
И что же узнаю?— Приятель мой в тревоге:

Вчера заснули мы меж шуток, без забот;
Теперь я слушаю — приятель стал не тот.
То вскрикнет он, то охнет, то вздохнет.
«Что сделалось с тобой, мой милый?.. Я надеюсь,
Не болен ты».— «Ох! ничего: я бреюсь».—
«Как! только?» Тут я встал — гляжу: проказник мой
У зеркала сквозь слез так кисло морщит рожу,
Как будто бы с него содрать сбирались кожу.
Узнавши, наконец, вину беды такой,
«Что дива?» я сказал: «ты сам себя тиранишь.
Пожалуй, посмотри:
Ведь у тебя не Бритвы — косари;
Не бриться — мучиться ты только с ними станешь».—
«Ох, братец, признаюсь,
Что Бритвы очень тупы!
Как этого не знать? Ведь мы не так уж глупы;
Да острыми-то я порезаться боюсь».—
«А я, мой друг, тебя уверить смею,
Что Бритвою тупой изрежешься скорей,
А острою обреешься верней:
Умей владеть лишь ею».

Вам пояснить рассказ мой я готов:
Не так ли многие, хоть стыдно им признаться,
С умом людей — боятся,
И терпят при себе охотней дураков?

Булат

Булатной сабли острый клинок
Заброшен был в железный хлам;
С ним вместе вынесен на рынок
И мужику задаром продан там.
У мужика затеи не велики:
Он отыскал тотчас в Булате прок.
Мужик мой насадил на клинок черенок
И стал Булатом драть в лесу на лапти лыки,
А дома, запросто, лучину им щепать;
То ветви у плетня, то сучья обрубать
Или обтесывать тычины к огороду.
Ну, так, что не прошло и году,
Как мой Булат в зубцах и в ржавчине кругом,
И дети ездят уж на нем
Верхом.
Вот еж, в избе под лавкой лежа,
Куда и клинок брошен был,
Однажды так Булату говорил:
«Скажи, на что вся жизнь твоя похожа?
И если про Булат
Так много громкого неложно говорят:
Не стыдно ли тебе щепать лучину,
Или обтесывать тычину,
И, наконец, игрушкой быть ребят?» —
«В руках бы воина врагам я был ужасен»,
Булат ответствует: «а здесь мой дар напрасен;
Так, низким лишь трудом я занят здесь в дому:
Но разве я свободен?
Нет, стыдно то не мне, а стыдно лишь тому,
Кто не умел понять, к чему я годен».

Булыжник и Алмаз

Потерянный Алмаз валялся на пути;
Случилось, наконец, купцу его найти.
Он от купца
Царю представлен,
Им куплен, в золоте оправлен,
И украшением стал царского венца.
Узнав про то, Булыжник развозился,
Блестящею судьбой Алмаза он прельстился
И, видя мужика, его он просит так:
«Пожалуйста, земляк,
Возьми меня в столицу ты с собою!
За что́ здесь под дождем и в слякоти я ною?
А наш Алмаз в чести, как говорят.
Не понимаю я, за что́ он в знать попался?
Со мною сколько лет здесь рядом он валялся;
Такой же камень он, и мне набитый брат.
Возьми ж меня. Как знать? Коль там я покажуся,
То также, может быть, на дело пригожуся».

Взял камень мужичок на свой тяжелый воз,
И в город он его привез.
Ввалился камень мой и думает, что разом
Засядет рядом он с Алмазом;
Но вышел для него случа́й совсем иной:
Он точно в дело взят, но взят для мостовой.

Бумажный Змей

Потерянный Алмаз валялся на пути;
Случилось, наконец, купцу его найти.

Он от купца
Царю представлен,
Им куплен, в золоте оправлен,
И украшением стал царского венца.
Узнав про то, Булыжник развозился,
Блестящею судьбой Алмаза он прельстился
И, видя мужика, его он просит так:
«Пожалуйста, земляк,
Возьми меня в столицу ты с собою!
За что́ здесь под дождем и в слякоти я ною?
А наш Алмаз в чести, как говорят.
Не понимаю я, за что́ он в знать попался?
Со мною сколько лет здесь рядом он валялся;
Такой же камень он, и мне набитый брат.
Возьми ж меня. Как знать? Коль там я покажуся,
То также, может быть, на дело пригожуся».

Взял камень мужичок на свой тяжелый воз,
И в город он его привез.
Ввалился камень мой и думает, что разом
Засядет рядом он с Алмазом;
Но вышел для него случа́й совсем иной:
Он точно в дело взят, но взят для мостовой.

Вельможа

Какой-то в древности Вельможа
С богато убранного ложа
Отправился в страну, где царствует Плутон.
Сказать простее,— умер он;
И так, как встарь велось, в аду на суд явился.
Тотчас допрос ему: «Чем был ты? где родился?»—

«Родился в Персии, а чином был сатрап⁴;
Но так как, живучи, я был здоровьем слаб,
То сам я областью не правил,
А все дела секретарю оставил».—
«Что ж делал ты?» — «Пил, ел и спал,
Да все подписывал, что он ни подавал».—
«Скорей же в рай его!»— «Как! где же справедливость?»—
Меркурий тут вскричал, забывши всю учтивость.
«Эх, братец!— отвечал Эак,—
Не знаешь дела ты никак.
Не видишь разве ты? Покойник — был дурак!
Что, если бы с такою властью
Взялся он за дела, к несчастью,—
Ведь погубил бы целый край!..
И ты б там слез не обобрался!
Затем-то и попал он в рай,
Что за дела не принимался».

Вчера я был в суде и видел там судью:
Ну, так и кажется, что быть ему в раю!

Вельможа и Философ

Вельможа, в праздный час толкуя с Мудрецом
О том, о сём,
«Скажи мне», говорит: «ты свет довольно знаешь,
И будто в книге, ты в сердцах людей читаешь:

---

⁴ Сатрап - в древней Персии и ряде других древних восточных государств
— губернатор, правитель области, провинции; (перен., книжн., неодобр.)
начальник, администратор, представляющий власть более высокого
начальства и действующий самовластно, деспотически, не считаясь с
законами.

Как это, что́ мы ни начнем,

Суды ли, общества ль учены заведем,

Едва успеем оглянуться,

Как первые невежи тут вотрутся?

Ужли от них совсем лекарства нет?» —

10 «Не думаю», сказал Мудрец в ответ:

«И с обществами та ж судьба (сказать меж нами),

Что с деревянными домами».—

«Как?» — «Так же: я вот свой достроил сими днями;

Хозяева в него еще не вобрались,

А уж сверчки давно в нем завелись».

Водолазы

Какой-то древний царь впал в страшное сомненье:

Не более ль вреда, чем пользы, от наук?

Не расслабляет ли сердец и рук

Ученье?

И не разумнее ль поступит он,

Когда ученых всех из царства вышлет вон?

Но так как этот царь, свой украшая трон,

Душою всей радел своих народов счастью

И для того

Не делал ничего

По прихоти, иль по пристрастью,—

То приказал собрать совет,

В котором всякий бы, хоть слогом не кудрявым,

Но с толком лишь согласно здравым

Свое представил: да, иль нет;

То есть, ученым вон из царства убираться,

Или попрежнему в том царстве оставаться?

Однако ж как совет ни толковал:

Кто сам свой голос подавал,
Кто голос подавал работы секретарской,
Всяк только дело затемнял
И в нерешимости запутывал ум царской.
Кто говорил, что неученье тьма;
Что не дал бы нам бог ума,
Ни дара постигать вещей небесных,
Когда бы он хотел.

Чтоб человек не боле разумел
Животных бессловесных,
И что, согласно с целью сей,
Ученье к счастию ведет людей.
Другие утверждали,
Что люди от наук лишь только хуже стали:
Что всё ученье бред,
Что от него лишь нравам вред,
И что, за просвещеньем вслед,
Сильнейшие на свете царства пали.
Короче: с обеих сторон,
И дело выводя и вздоры,
Бумаги исписали горы,
А о науках спор остался не решен;
Царь сделал более. Созвав отвсюду он
Разумников, из них установил собранье
И о науках спор им предложил на суд.
Но способ был и этот худ,
Затем, что царь им дал большое содержанье:
Так в голосах между собой разлад
Для них был настоящий клад;
И если бы им волю дали,
Они б доныне толковали
Да жалованье брали.
Но так как царь казною не шутил,
То он, приметя то, их скоро распустил.
Меж тем час-от-часу впадал в сомненье боле.

Вот как-то вышел он, сей мыслью занят, в поле,
И видит пред собой
Пустынника, с седою бородой
И с книгою в руках большой.
Пустынник важный взор имел, но не угрюмый;
Приветливость и доброта
Улыбкою его украсили уста,
А на челе следы глубокой видны думы.
Монарх с пустынником вступает в разговор
И, видя в нем познания несчетны,
Он просит мудреца решить тот важный спор:
Науки более ль полезны или вредны?
«Царь!» старец отвечал: «позволь, чтоб пред тобой
Открыл я притчею простой,

Что́ размышленья мне внушили многолетны».
И, с мыслями собравшись, начал так:
«На берегу, близ моря,
Жил в Индии рыбак;
Проведши долгий век и бедности, и горя,
Он умер и троих оставил сыновей.
Но дети, видя,
Что с нуждою они кормились от сетей
И ремесло отцовско ненавидя,
Брать дань богатее задумали с морей,
Не рыбой,— жемчугами;
И, зная плавать и нырять,
Ту подать доправлять
Пустились сами.
Однако ж был успех различен всех троих:
Один, ленивее других,
Всегда по берегу скитался;
Он даже не хотел ни ног мочить своих
И жемчугу того лишь дожидался,
Что выбросит к нему волной:
А с леностью такой
Едва-едва питался.

Другой,
Трудов нимало не жалея,
И выбирать умея
Себе по силе глубину,
Богатых жемчугов нырял искать по дну:
И жил, всечасно богатея.
Но третий, алчностью к сокровищам томим,
Так рассуждал с собой самим:
«Хоть жемчуг находить близ берега и можно,
Но, кажется, каких сокровищ ждать не должно,
Когда бы удалося мне
Достать морское дно на самой глубине?
Там горы, может быть, богатств несчетных:
Кораллов, жемчугу и камней самоцветных,
Которы стоит лишь достать
И взять».
Сей мыслию пленясь, безумец вскоре
В открытое пустился море,
И, выбрав, где была чернее глубина,

В пучину кинулся; но, поглощенный ею,
За дерзость, не доставши дна,
Он жизнью заплатил своею.
«О, царь!» примолвил тут мудрец:
«Хотя в ученьи зрим мы многих благ причину,
Но дерзкий ум находит в нем пучину
И свой погибельный конец,
Лишь с разницею тою
Что часто в гибель он других влечет с собою».

Водопад и Ручей

Кипящий Водопад, свергаяся со скал,
Целебному ключу с надменностью сказал
(Который под горой едва лишь был приметен,
Но силой славился лечебною своей):
«Не странно ль это? Ты так мал, водой так беден,
А у тебя всегда премножество гостей?
Не мудрено, коль мне приходит кто дивиться;
К тебе зачем идут?» — «Лечиться»,
Смиренно прожурчал Ручей.

Волк и Волчонок

Волченка Волк, начав помалу приучать
Отцовским промыслом питаться,
Послал его опушкой прогуляться;
А между тем велел прилежней примечать,
Нельзя ль где счастья им отведать,
Хоть, захватя греха,
На счет бы пастуха
Позавтракать иль пообедать!
Приходит ученик домой
И говорит: «Пойдем скорей со мной!
Обед готов; ничто не может быть вернее:
Там под горой
Пасут овец, одна другой жирнее;
Любую стоит лишь унесть
И съесть;
А стадо таково, что трудно перечесть».—
«Постой-ка», Волк сказал: «сперва мне ведать надо,

17

Каков пастух у стада?» —
«Хоть говорят, что он
Не плох, заботлив и умен,
Однако стадо я обшел со всех сторон
И высмотрел собак: они совсем не жирны,
И плохи, кажется, и смирны».—
«Меня так этот слух»,
Волк старый говорит: «не очень к стаду манит;
Коль подлинно не плох пастух,
Так он плохих собак держать не станет.
Тут тотчас попадешь в беду!
Пойдем-ка, я тебя на стадо наведу,
Где сбережем верней мы наши шкуры:
Хотя при стаде том и множество собак,
Да сам пастух дурак;
А где пастух дурак, там и собаки дуры».

Волк и журавль

Что волки жадны, всякий знает:
Волк, евши, никогда
Костей не разбирает.
За то на одного из них пришла беда:
Он костью чуть не подавился.
Но может Волк ни охнуть, ни вздохнуть;

Пришло хоть ноги протянуть!
По счастью, близко тут Журавль случился.
Вот, кой-как знаками стал Волк его манить
И просит горю пособить.
Журавль свой нос по шею
Засунул к Волку в пасть и с трудностью большею

Кость вытащил и стал за труд просить.

«Ты шутишь!» зверь вскричал коварный:

«Тебе за труд? Ах, ты, неблагодарный!

А это ничего, что свой ты долгий нос

И с глупой головой из горла цел унес!

Поди ж, приятель, убирайся,

Да берегись: вперед ты мне не попадайся».

Волк и Кот

Волк из лесу в деревню забежал,

Не в гости, но живот спасая;

За шкуру он свою дрожал:

Охотники за ним гнались и гончих стая.

Он рад бы в первые тут шмыгнуть ворота,

Да то лишь горе,

Что все ворота на запоре.

Вот видит Волк мой на заборе

Кота

И молит: «Васенька, мой друг! скажи скорее,

Кто здесь из мужичков добрее,

Чтобы укрыть меня от злых моих врагов?

Ты слышишь лай собак и страшный звук рогов!

Всё это ведь за мной».— «Проси скорей Степана;

Мужик предобрый он», Кот-Васька говорит.

«То так; да у него я ободрал барана».—

«Ну, попытайся ж у Демьяна».—

«Боюсь, что на меня и он сердит:

Я у него унес козленка».—

«Беги ж, вон там живет Трофим».—

«К Трофиму? Нет, боюсь и встретиться я с ним:

Он на меня с весны грозится за ягненка!» —

«Ну, плохо ж!— Но авось тебя укроет Клим!» —
«Ох, Вася, у него зарезал я теленка!» —
«Что вижу, кум! Ты всем в деревне насолил»,
Сказал тут Васька Волку:
«Какую ж ты себе защиту здесь сулил?

Нет, в наших мужичках не столько мало толку,
Чтоб на свою беду тебя спасли они.
И правы,— сам себя вини:
Что ты посеял — то и жни».

Волк и Кукушка

«Прощай, соседка!» Волк Кукушке говорил:
«Напрасно я себя покоем здесь манил!
Всё те ж у вас и люди, и собаки:
Один другого злей; и хоть ты ангел будь,
Так не минуешь с ними драки».—
«А далеко ль соседу путь?
И где такой народ благочестивой,
С которым думаешь ты жить в ладу?» —
«О, я прямехонько иду
В леса Аркадии счастливой.
Соседка, то́-то сторона!
Там, говорят, не знают, что́ война;
Как агнцы, кротки человеки,
И молоком текут там реки;
Ну, словом, царствуют златые времена!
Как братья, все друг с другом поступают,
И даже, говорят, собаки там не лают,
Не только не кусают.
Скажи ж сама, голубка, мне,

Не мило ль, даже и во сне,
Себя в краю таком увидеть тихом?
Прости! не поминай нас лихом!
Уж то-то там мы заживем:
В ладу, в довольстве, в неге!
Не так, как здесь, ходи с оглядкой днем,
И не засни спокойно на ночлеге».—
«Счастливый путь, сосед мой дорогой!»
Кукушка говорит: «а свой ты нрав и зубы
Здесь кинешь, иль возьмешь с собой?» —
«Уж кинуть, вздор какой! » —
«Так вспомни же меня, что быть тебе без шубы».

Чем нравом кто дурней,
Тем более кричит и ропщет на людей:
Не видит добрых он, куда ни обернется,
А первый сам ни с кем не уживется.

Волк и Лисица

Охотно мы дарим,
Что́ нам не надобно самим.
Мы это басней пояснuм,
Затем, что истина сноснее вполоткрыта.

Лиса, курятинки накушавшись до-сыта,
И добрый ворошок припрятавши в запас,
Под стогом прилегла вздремнуть в вечерний час.
Глядит, а в гости к ней голодный Волк тащится.
«Что, кумушка, беды!» он говорит:
«Ни косточкой не мог нигде я поживиться;
Меня так голод и морит;

Собаки злы, пастух не спит,
Пришло хоть удавиться!» —
«Неужли?» — «Право так».— «Бедняжка-куманек!
Да не изволишь ли сенца? Вот целый стог:
Я куму услужить готова».
А куму не сенца, хотелось бы мяснова —
Да про запас Лиса ни слова.
И серый рыцарь мой,
Обласкан по́-уши кумой,
Пошел без ужина домой.

Волк и Мышонок

Из стада серый Волк
В лес овцу затащил, в укромный уголок,
Уж разумеется, не в гости:
Овечку бедную обжора ободрал,
И так ее он убирал,
Что на зубах хрустели кости.

Но как ни жаден был, а съесть всего не мог;
Оставил к ужину запас и подле лёг
Понежиться, вздохнуть от жирного обеда.
Вот, близкого его соседа,
Мышонка запахом пирушки привлекло.
Меж мхов и кочек он тихохонько подкрался,
Схватил кусок мясца — и с ним скорей убрался
К себе домой, в дупло.
Увидя похищенье,
Волк мой
По лесу поднял вой;

Кричит он: «Караул! разбой!
Держите вора! Разоренье:
Расхитили мое именье!»

Такое ж в городе я видел приключенье:
У Климыча судьи часишки вор стянул,
И он кричит на вора: караул!⁵*

Заключительное нравоучение первоначально читалось:
У Климыча судьи часишки вор стянул,
Он тож кричит на вора: караул!
Хлопочет,
Рад целый мир поднять вверх дном;
А этого и вспомнить он не хочет,
Что сам имение всё нажил грабежом.

Волк и Пастухи

Волк, близко обходя пастуший двор
И видя, сквозь забор,
Что, выбрав лучшего себе барана в стаде,
Спокойно Пастухи барашка потрошат,
А псы смирнехонько лежат,
Сам молвил про себя, прочь уходя в досаде:
«Какой бы шум вы все здесь подняли, друзья,
Когда бы это сделал я!»

---

⁵ Заключительное нравоучение первоначально читалось:

Волк и ягнёнок

У сильного всегда бессильный виноват:
Тому в истории мы тьму примеров слышим
Но мы истории не пишем,
А вот о том как в баснях говорят...
Ягненок в жаркий день зашел к ручью напиться:
И надобно ж беде случиться,
Что около тех мест голодный рыскал Волк.
Ягненка видит он, на добычу стремится;
Но, делу дать хотя законный вид и толк,
Кричит: "Как смеешь ты, наглец, нечистым рылом
Здесь чистое мутить питье
Мое
С песком и с илом?
За дерзость такову
Я голову с тебя сорву". -
"Когда светлейший[6] Волк позволит,
Осмелюсь я донесть, что ниже по ручью
От Светлости его шагов я на сто пью;
И гневаться напрасно он изволит:
Питья мутить ему никак я не могу". -
"Поэтому я лгу!
Негодный! слыхана ль такая дерзость в свете!
Да помнится, что ты еще в запрошлом лете
Мне здесь же как-то нагрубил;
Я этого, приятель, не забыл!" -
"Помилуй, мне еще и от роду нет году". -
Ягненок говорит. - "Так это был твой брат". -
"Нет братьев у меня". - "Так это кум иль сват.
И, словом, кто-нибудь из вашего же роду.
Вы сами, ваши псы и ваши пастухи,
Вы все мне зла хотите,
И если можете, то мне всегда вредите;

---

[6] Светлейший - в царской России почечное обращение к князю.

Но я с тобой за их разведаюсь грехи". -
"Ах, я чем виноват?" - "Молчи! Устал я слушать.
Досуг мне разбирать вины твои, щенок!
Ты виноват уж тем, что хочется мне кушать".
Сказал и в темный лес Ягненка поволок.

Волк на псарне

Волк ночью, думая залезть в овчарню,
Попал на псарню.
Поднялся вдруг весь псарный двор —
Почуя серого так близко забияку,
Псы залились в хлевах и рвутся вон на драку;
Псари кричат: «Ахти, ребята, вор!»—
И вмиг ворота на запор;
В минуту псарня стала адом.
Бегут: иной с дубьем,
Иной с ружьем.
«Огня!— кричат,— огня!» Пришли с огнем.
Мой Волк сидит, прижавшись в угол задом.
Зубами щелкая и ощетиня шерсть,
Глазами, кажется, хотел бы всех он съесть;
Но, видя то, что тут не перед стадом
И что приходит, наконец,
Ему расчесться за овец,—
Пустился мой хитрец
В переговоры
И начал так: «Друзья! к чему весь этот шум?
Я, ваш старинный сват и кум,
Пришел мириться к вам, совсем не ради ссоры;
Забудем прошлое, уставим общий лад!
А я, не только впредь не трону здешних стад,

Но сам за них с другими грызться рад
И волчьей клятвой утверждаю,
Что я...» — «Послушай-ка, сосед,—
Тут ловчий[7] перервал в ответ,—
Ты сер, а я, приятель, сед,
И волчью вашу я давно натуру знаю;
А потому обычай мой:
С волками иначе не делать мировой,
Как снявши шкуру с них долой».
И тут же выпустил на Волка гончих стаю.

Волки и овцы

Овечкам от Волков совсем житья не стало,
И до того, что, наконец,
Правительство зверей благие меры взяло
Вступиться в спасенье Овец,—
И учрежден Совет на сей конец.
Большая часть в нем, правда, были Волки;
Но не о всех Волках ведь злые толки.
Видали и таких Волков, и многократ.—
Примеры эти не забыты,—
Которые ходили близко стад

---

7   Ловчий — охотник, который управлял у помещика охотой с собаками. Здесь под ловчим подразумевается великий русский полководец М. И. Кутузов.

Поводом для написания басни «Волк на псарне» послужили события, связанные с желанием Наполеона вступить в мирные переговоры, которые были отклонены М. И. Кутузовым. Вскоре после этих переговоров М.И.Кутузов нанес войскам Наполеона поражение при Тарутине.

По свидетельству современников, басню «Волк на псарне» И. А. Крылов собственноручно переписал и отдал жене М. И. Кутузова, которая отправила ее мужу в письме. М. И. Кутузов прочитал басню после сражения под Красным собравшимся вокруг него офицерам и при словах «а я, приятель, сед» снял фуражку и потряс наклоненной головой.

Смирнехонько — когда бывали сыты.
Так почему ж Волкам в Совете и не быть?
Хоть надобно Овец оборонить,
Но и Волков не вовсе ж притеснить.
Вот заседание в глухом лесу открыли;
Судили, думали, рядили
И, наконец, придумали закон.
Вот вам от слова в слово он:
«Как скоро Волк у стада забуянит,
И обижать он Овцу станет,
То Волка тут властна Овца,
Не разбираючи лица,
Схватить за шиворот и в суд тотчас представить,
В соседний лес иль в бор».
В законе нечего прибавить, ни убавить.
Да только я видал: до этих пор, —
Хоть говорят, Волкам и не спускают,—
Что будь Овца ответчик иль истец,
А только Волки все-таки Овец
В леса таскают.

Ворона

Когда не хочешь быть смешон,
Держися звания, в котором ты рожден.
Простолюдин со знатью не роднися:
И если карлой сотворен,
То в великаны не тянися,
А помни свой ты чаще рост,
Утыкавши себе павлиным перьем хвост,
Ворона с Павами пошла гулять спесиво -
И думает, что на нее

Родня и прежние приятели ее
Все заглядятся, как на диво;
Что Павам всем она сестра
И что пришла ее пора
Быть украшением Юнонина двора.
Какой же вышел плод ее высокомерья?
Что Павами она ощипана кругом,
И что, бежав от них, едва не кувырком,
Не говоря уж о чужом,
На ней и своего осталось мало перья.
Она было назад к своим; но те совсем
Заклеванной Вороны не узнали,
Ворону вдосталь ощипали,
И кончились ее затеи тем,
Что от Ворон она отстала,
А к Павам не пристала.

Я эту басенку вам былью поясню.
Матрене, дочери купецкой, мысль припала,
Чтоб в знатную войти родню.
Приданого за ней полмиллиона.
Вот выдали Матрену за барона.
Что ж вышло? Новая родня ей колет глаз
Попреком, что она мещанкой родилась.
А старая за то, что к знатным приплелась:
И сделалась моя Матрена
Ни Пава, ни Ворона.

Ворона и курица

Когда Смоленский Князь,
Противу дерзости искусством воружась,

Вандалам новым сеть поставил
И на погибель им Москву оставил,
Тогда все жители, и малый и большой,
Часа не тратя, собралися
И вон из стен московских поднялися,
Как из улья пчелиный рой.
Ворона с кровли тут на эту всю тревогу
Спокойно, чистя нос, глядит.
"А ты что ж, кумушка, в дорогу?-
Ей с возу Курица кричит.-
Ведь говорят, что у порогу
Наш супостат".
"Мне что до этого за дело?-
Вещунья ей в ответ.- Я здесь останусь смело.
Вот ваши сестры - как хотят;
А ведь Ворон ни жарят, ни варят:
Так мне с гостьми не мудрено ужиться,
А может быть, еще удастся поживиться
Сырком, иль косточкой, иль чем-нибудь.
Прощай, хохлаточка, счастливый путь!"
Ворона подлинно осталась;
Но вместо всех поживок ей,
Как голодом морить Смоленский стал гостей -
Она сама к ним в суп попалась.

Так часто человек в расчетах слеп и глуп.
За счастьем, кажется, ты по пятам несёшься;
А как на деле с ним сочтешься -
Попался, как ворона в суп!
Ворона и лисица.

Ворона и лисица

Уж сколько раз твердили миру,
Что лесть гнусна, вредна; но только все не впрок,
И в сердце льстец всегда отыщет уголок.
Вороне где-то бог послал кусочек сыру;
На ель Ворона взгромоздясь,
Позавтракать было совсем уж собралась,
Да позадумалась, а сыр во рту держала.
На ту беду, Лиса близехонько бежала;
Вдруг сырный дух Лису остановил:
Лисица видит сыр, -
Лисицу сыр пленил,
Плутовка к дереву на цыпочках подходит;
Вертит хвостом, с Вороны глаз не сводит
И говорит так сладко, чуть дыша:
"Голубушка, как хороша!
Ну что за шейка, что за глазки!
Рассказывать, так, право, сказки!
Какие перышки! какой носок!
И, верно, ангельский быть должен голосок!
Спой, светик, не стыдись!
Что ежели, сестрица,
При красоте такой и петь ты мастерица,
Ведь ты б у нас была царь-птица!"
Вещуньина   с похвал вскружилась голова,
От радости в зобу дыханье сперло, -
И на приветливы Лисицыны слова
Ворона каркнула во все воронье горло:
Сыр выпал - с ним была плутовка такова.

Вороненок

Орел
Из-под небес на стадо налетел
И выхватил ягненка,
А во́рон молодой вблизи на то смотрел.
Взманило это Вороненка,
Да только думает он так: «Уж брать, так брать,
А то и когти что́ марать!
Бывают и орлы, как видно, плоховаты.
Ну, только ль в стаде что́ ягняты?
Вот я как захочу
Да налечу,
Так царский подлинно кусочек подхвачу!»
Тут Ворон поднялся над стадом,
Окинул стадо жадным взглядом:
Из множества ягнят, баранов и овец
Высматривал, сличал и выбрал, наконец,
Барана, да какого?
Прежирного, прематерого,
Который доброму б и волку был в подъем.
Изладясь, на него спустился
И в шерсть ему, что силы есть, вцепился.
Тогда-то он узнал, что добычь не по нем.
Что хуже и всего, так на баране том
Тулуп такой был прекосматый,
Густой, всклокоченный, хохлатый,
Что из него когтей не вытеребил вон
Затейник наш крылатый,
И кончил подвиг тем, что сам попал в полон.
С барана пастухи его чинненько сняли;
А чтобы он не мог летать,
Ему все крылья окарнали
И детям отдали играть.

Нередко у людей то ж самое бывает,
Коль мелкий плут
Большому плуту подражает:
Что́ сходит с рук ворам, за то воришек бьют.

Воспитание Льва

Льву, Кесарю лесов, бог сына даровал.
Звериную вы знаете природу:
У них, не как у нас - у нас ребенок году,
Хотя б он царский был, и глуп, и слаб, и мал;
А годовалый Львенок
Давно уж вышел из пеленок.
Так к году Лев-отец не шуткой думать стал.
Чтобы сынка невежей не оставить,
В нем царску честь не уронить
И чтоб, когда сынку придется царством править,
Не стал бы за сынка народ отца бранить.
Кого ж бы попросить, нанять или заставить
Царевича Царем на выучку поставить?
Отдать его Лисе - Лиса умна:
Да лгать великая охотница она;
А со лжецом во всяком деле мука:
Так это, думал Царь, не царская наука.
Отдать Кроту: о нем молва была,
Что он во всем большой порядок любит:
Без ощупи шага не ступит
И всякое зерно для своего стола
Он сам и чистит, сам и лупит;
И словом, слава шла,
Что Крот великий зверь на малые дела:
Беда лишь под носом глаза Кротовы зорки,

Да вдаль, не видят ничего;
Порядок же Кротов хорош, да для него;
А царство Львиное гораздо больше норки.
Не взять ли Барса? Барс отважен и силен,
А сверх того, великий тактик он;
Да, Барс политики не знает:
Гражданских прав совсем не понимает,
Какие ж царствовать уроки он подаст!
Царь должен быть судья, министр и воин,
А Барс лишь резаться горазд:
Так и детей учить он царских недостоин.
Короче: звери все, и даже самый Слон,
Который был в лесах почтен,
Как в Греции Платон,
Льву все еще казался не умен
И не учен.
По счастью, или нет (увидим это вскоре),
Услышав про царево горе,
Такой же царь, пернатых царь. Орел,
Который вел
Со Львом приязнь и дружбу,
Для друга сослужить большую взялся службу
И вызвался сам Львенка воспитать.
У Льва как гору с плеч свалило.
И подлинно: чего, казалось, лучше было
Царевичу царя в учители сыскать?
Вот Львенка снарядили
И отпустили
Учиться царствовать к Орлу.
Проходит год и два; меж тем, кого ни спросят,
О Львенке ото всех лишь слышат похвалу:
Все птицы чудеса о нем в лесах разносят.
И, наконец, приходит срочный год,
Царь-Лев за сыном шлет.
Явился сын; тут царь сбирает весь народ,
И малых и больших сзывает;
Сынка целует, обнимает,

И говорит ему он так: "Любезный сын,
По мне наследник ты один;
Я в гроб уже гляжу, а ты лишь в свет вступаешь!
Так я тебе охотно царство сдам.
Скажи теперь при всех лишь нам,
Чему учен ты, что ты знаешь
И как ты свой народ счастливым сделать чаешь?!
"Папа, - ответствовал сынок, - я знаю то,
Чего не знает здесь никто:
И от Орла до Перепелки,
Какой где птице боле вод,
Какая чем из них живет,
Какие яйца несет,
И птичьи нужды все сочту вам до иголки.
Вот от учителей тебе мой аттестат:
У птиц недаром говорят,
Что я хватаю с неба звезды;
Когда ж намерен ты правленье мне вручить,
То я тотчас начну зверей учить
Вить гнезды".
Тут ахнул царь и весь звериный свет;
Повесил головы Совет,
А Лев-старик поздненько спохватился,
Что Львенок пустякам учился
И не добро он говорит;
Что пользы нет большой тому знать птичий быт,
Кого зверьми владеть поставила природа,
И что важнейшая наука для царей:
Знать свойство своего народа
И выгоды земли своей.

Голик

Запачканный Голик попал в большую честь -
Уж он полов не будет в кухнях месть:
Ему поручены господские кафтаны
(Как видно, слуги были пьяны).
Вот развозился мой Голик:
По платью барскому без устали колотит
И на кафтанах он как будто рожь молотит,
И подлинно, что труд его велик.
Беда лишь в том, что сам он грязен, неопрятен.
Что ж пользы от его труда?
Чем больше чистит он, тем только больше пятен.
Бывает столько же вреда.
Когда
Невежда не в свои дела вплетется
И поправлять труды ученого возмется.

Госпожа и две Служанки

У Барыни, старушки кропотливой,
Неугомонной и брюзгливой,
Две были девушки, Служанки, коих часть
Была с утра и до глубокой ночи,
Рук не покладывая, прясть.
Не стало бедным девкам мочи:
Им будни, праздник - все равно;
Нет угомона на старуху:
Днем перевесть она не даст за пряжей духу;
Зарей, где спят еще, а уж у них давно
Пошло плясать веретено.

35

Быть может, иногда б старуха опоздала,
Да в доме том проклятый был петух:
Лишь он вспоет - старуха встала,
Накинет на себя шубейку и треух,
У печки огонек вздувает,
Бредет, ворча, к прядильщицам в покой,
Расталкивает их костлявою рукой,
А заупрямятся - клюкой
И сладкий на заре их сон перерывает.
Что будешь делать с ней?
Бедняжки морщатся, зевают, жмутся
И с теплою постелею своей,
Хотя не хочется, а расстаются;
Назавтрее опять, лишь прокричит петух,
У девушек с хозяйкой сказка та же:
Их будят и морят на пряже.
Добро же ты, нечистый дух! -
Сквозь зубы пряхи те на петуха ворчали. -
Без песен бы твоих мы, верно, боле спали;
Уж над тобою быть греху!"
И, выбравши случай, без сожаленья,
Свернули девушки головку петуху.
Но что ж? Они себе тем ждали облегченья;
Ан в деле вышел оборот
Совсем не тот:
То правда, что петух уж боле не поет -
Злодея их не стало;
Да Барыня, боясь, чтоб время не пропало,
Чуть лягут, не дает почти свести им глаз
И рано так будить их стала всякий раз,
Как рано петухи и сроду не певали.
Тут поздно девушки узнали,
Что из огня они да в полымя попали.

Так, выбраться желая из хлопот,
Нередко человек имеет участь ту же:
Одни лишь только с рук сживет,
Глядишь - другие нажил хуже!

Гребень

Дитяти маменька расчесывать головку
Купила частый Гребешок.
Не выпускает вон дитя из рук обновку:

Играет иль твердит из азбуки урок;
Свои всё кудри золотые,
Волнистые, барашком завитые
И мягкие, как тонкий лен,
Любуясь, Гребешком расчесывает он.
И что́ за Гребешок? Не только не теребит,
Нигде он даже не зацепит:
Так плавен, гладок в волосах.
Нет Гребню и цены у мальчика в глазах.
Случись, однако же, что Гребень затерялся.
Зарезвился мой мальчик, заигрался,
Всклокотил волосы копной.
Лишь няня к волосам, дитя подымет вой:
«Где Гребень мой?»
И Гребень отыскался,
Да только в голове ни взад он, ни вперед:
Лишь волосы до слез дерет.
«Какой ты злой, Гребнишка!»
Кричит мальчишка.
А Гребень говорит: «Мой друг, всё тот же я;
Да голова всклокочена твоя».
Однако ж мальчик мой, от злости и досады,
Закинул Гребень свой в реку:
Теперь им чешутся Наяды.

Видал я на своем веку,
Что так же с правдой поступают.
Поколе совесть в нас чиста,
То правда нам мила и правда нам свята,

Ее и слушают, и принимают:
Но только стал кривить душей,
То правду дале от ушей.
И всякий, как дитя, чесать волос не хочет.
Когда их склочет.

Гуси

Предлинной хворостиной
Мужик Гусей гнал в город продавать;
И, правду истинну сказать,
Не очень вежливо честил свой гурт гусиной:
На барыши спешил к базарному он дню
(А где до прибыли коснется,
Не только там гусям, и людям достается).
Я мужика и не виню;
Но Гуси иначе об этом толковали
И, встретяся с прохожим на пути,
Вот как на мужика пеняли:
«Где можно нас, Гусей, несчастнее найти?
Мужик так нами помыкает,
И нас, как будто бы простых Гусей, гоняет;
А этого не смыслит неуч сей,
Что он обязан нам почтеньем;
Что мы свой знатный род ведем от тех Гусей,
Которым некогда был должен Рим спасеньем:
Там даже праздники им в честь учреждены!» —
«А вы хотите быть за что отличены?»
Спросил прохожий их.— «Да наши предки...» — «Знаю,
И всё читал: но ведать я желаю,
Вы сколько пользы принесли?» —
«Да наши предки Рим спасли!» —

«Всё так, да вы что сделали такое?» —
«Мы? Ничего!» — «Так что́ ж и доброго в вас есть?
Оставьте предков вы в покое:
Им по-делом была и честь;
А вы, друзья, лишь годны на жаркое».

30 Баснь эту можно бы и боле пояснить —
Да чтоб гусей не раздразнить.

Два Голубя

Два Голубя как два родные брата жили,
Друг без друга они не ели и не пили;
Где видишь одного, другой уж, верно, там;
И радость и печаль, все было пополам.
Не видели они, как время пролетало;
Бывало грустно им, а скучно не бывало.
Ну, кажется, куда б хотеть
Или от милой, иль от друга?
Нет, вздумал странствовать один из их - лететь
Увидеть, осмотреть
Диковинки земного круга,
Ложь с истиной сличить, поверить быль с молвой,
"Куда ты? - говорит сквозь слез ему другой; -
Что пользы по свету таскаться?
Иль с другом хочешь ты расстаться?
Бессовестный! когда меня тебе не жаль,
Так вспомни хищных птиц, силки, грозы ужасны,
И все, чем странствия опасны!
Хоть подожди весны лететь в такую даль:
Уж я тебя тогда удерживать не буду.
Теперь еще и корм и скуден так, и мал;
Да, чу! и ворон прокричал:

Ведь это, верно, к худу.
Останься дома, милый мой,
Ну, нам ведь весело с тобой!
Куда ж еще тебе лететь, не разумею;
А я так без тебя совсем осиротею.
Силки, да коршуны, да громы только мне
Казаться будут и во сне;
Все стану над тобой бояться я несчастья:
Чуть тучка лишь над головой,
Я буду говорить: ах! где-то братец мой?
Здоров ли, сыт ли он, укрыт ли от ненастья!"
Растрогала речь эта Голубка;
Жаль братца, да лететь охота велика:
Она и рассуждать и чувствовать мешает.
"Не плачь, мой милый, - так он друга утешает, -
Я на три дня с тобой, не больше, разлучусь.
Все наскоро в пути замечу на полете,
И, осмотрев, что есть диковинней на свете,
Под крылышко к дружку назад я ворочусь.
Тогда-то будет нам о чем повесть словечко!
Я вспомню каждый час и каждое местечко;
Все расскажу: дела ль, обычай ли какой,
Иль где какое видел диво.
Ты, слушая меня, представишь все так живо,
Как будто б сам летал ты по свету со мной".
Тут - делать нечего - друзья поцеловались,
Простились и расстались.
Вот странник наш летит; вдруг встречу дождь и гром;
Под ним, как океан, синеет степь кругом.
Где деться? К счастью, дуб сухой в глаза попался;
Кой-как угнездился, прижался
К нему наш Голубок;
Но ни от ветру он укрыться тут не мог,
Ни от дождя спастись: весь вымок и продрог.
Утих помалу гром. Чуть солнце просияло,
Желанье позывать бедняжку дале стало.
Встряхнулся и летит, - летит и видит он:

В заглушьи под леском рассыпана пшеничка.
Спустился - в сети тут попалась наша птичка!
Беды со всех сторон!
Трепещется он, рвется, бьется;
По счастью, сеть стара: кой-как ее прорвал,
Лишь ножку вывихнул да крылышко помял!
Но не до них: он прочь без памяти несется.
Вот пуще той беды беда над головой!
Отколь ни взялся ястреб злой;
Невзвидел света Голубь мой!
От ястреба из сил последних машет.
Ах, силы вкоротке! совсем истощены!
Уж когти хищные над ним распущены;
Уж холодом в него с широких крыльев пашет.
Тогда орел, с небес направя свой полет,
Ударил в ястреба
И хищник хищнику достался на обед.
Меж тем наш Голубь милой,
Вниз камнем ринувшись, прижался под плетнем.
Но тем еще не кончилось на нем:
Одна беда всегда другую накликает.
Ребенок, черепком наметя в Голубка, -
Сей возраст жалости не знает, -
Швырнул и раскроил висок у бедняка.
Тогда-то странник наш, с разбитой головою,
С попорченным крылом, с повихнутой ногою,
Кляня охоту видеть свет,
Поплелся кое-как домой без новых бед.
Счастлив еще: его там дружба ожидает!
К отраде он своей,
Услуги, лекаря и помощь видит в ней;
С ней скоро все беды и горе забывает.
О вы, которые объехать свет вокруг
Желанием горите!
Вы эту басенку прочтите,
И в дальний путь такой пускайтеся не вдруг.
Что б ни сулило вам воображенье ваше;

Но, верьте, той земли не сыщете вы краше,
Где ваша милая, иль где живет ваш друг.

Два извозчика

«Ну, други, осовели!
Ну, одры, ну, живей! Чтоб волки вас заели!» —
Так, идя у возов, бранил и погонял
Извозчик лошадей. Обоз, однако ж, стал.
Глядит — Пахом его тут с возом обогнал:
«Давно с Москвы?» — «Вчерась».— «А я так более недели.
Что, брат Пахомушка, ума не приложу:
С десяток одров я держу —
Совсем меня пострелы съели;
А на воза, кажись, гружу
Не так чтобы помногу.
Ну, истинно, совсем погиб!
Как идет у тебя?» — «Да ладно, слава богу!
Сотняжку нынешним путем себе зашиб!» —
«Вот как тут не возьмет кручина?
Скажи ж, соседушка, со мной что за причина?
Ведь я, брат, тоже не дремлю,
А их лишь попусту кормлю!» —
«И кум,— какой тебе ждать от коней поживы?
Их у тебя табун — да с голоду чуть живы!
Попробуй-ка, с меня пример возьми:
Держи хоть двух, да лучше их корми!»

Два Мальчика

«Сенюша, знаешь ли, покамест, как баранов,
Опять нас не погнали в класс,
Пойдем-ка да нарвем в саду себе каштанов!» —
«Нет, Федя, те каштаны не про нас!
Ты знаешь ведь, ка́к дерево высоко:
Тебе, ни мне туда не влезть,
И нам каштанов тех не есть!» —
«И, милый, да на что́ ж догадка!
Где силой взять нельзя, там надобна ухватка.
Я всё придумал: погоди!
На ближний сук меня лишь подсади.
А там мы сами умудримся —
И до́сыта каштанов наедимся».
Вот к дереву друзья со всех несутся ног.
Тут Сеня помогать товарищу принялся,
Пыхтел, весь потом обливался,
И Феде, наконец, вскарабкаться помог.

Взобрался Федя на приволье:
Как мышке в закроме, вверху ему раздолье!
Каштанов там не только всех не съесть,—
Не перечесть!
Найдется чем и поживиться,
И с другом поделиться.
Что́ ж! Сене от того прибыток вышел мал:
Он, бедный, на низу облизывал лишь губки;
Федюша сам вверху каштаны убирал,
А другу с дерева бросал одни скорлупки.

Видал Федюш на свете я,—
Которым их друзья
Вскарабкаться наверх усердно помогали,
А после уж от них — скорлупки не видали!

Два Мужика

"Здорово, кум Фаддей!" - "Здорово, кум Егор!"
"Ну, каково, приятель, поживаешь?"
"Ох, кум, беды моей, что вижу, ты не знаешь!
Бог посетил меня: я сжег дотла свой двор
И по миру пошел с тех пор".
"Как так? Плохая, кум, игрушка!"
"Да так! О рождестве была у нас пирушка;
Я со свечой пошел дать корму лошадям;
Признаться, в голове шумело;
Я как-то заронил, насилу спасся сам;
А двор и все добро сгорело.
Ну, ты как?" - "Ох, Фаддей, худое дело!
И на меня прогневался, знать, бог:
Ты видишь, я без ног;
Как сам остался жив, считаю, право, дивом.
Я тож о рождестве пошел в ледник за пивом,
И тоже чересчур, признаться, я хлебнул
С друзьями полугару;
А чтоб в хмелю не сделать мне пожару,
Так я свечу совсем задул:
Ан, бес меня впотьмах так с лестницы толкнул,
Что сделал из меня совсем не человека,
И вот я с той поры калека".
"Пеняйте на себя, друзья! -
Сказал им сват Степан. - Коль молвить правду, я
Совсем не чту за чудо,
Что ты сожег свой двор, а ты на костылях:
Для пьяного и со свечою худо;
Да вряд, не хуже ль и впотьмах".

Две бочки

Две Бочки ехали; одна с вином,
Другая
Пустая.
Вот первая — себе без шуму и шажком
Плетется,
Другая вскачь несется;

От ней по мостовой и стукотня, и гром,
И пыль столбом;
Прохожий к стороне скорей от страху жмется,
Ее заслышавши издалека.
Но как та Бочка ни громка,
А польза в ней не так, как в первой, велика.

Кто про свои дела кричит всем без умо́лку,
В том, верно, мало толку,
Кто де́лов истинно,— тих часто на словах.
Великий человек лишь громок на делах,
И думает свою он крепку думу
Без шуму.

Две собаки

Дворовый, верный пес
Барбос,
Который барскую усердно службу нес,
Увидел старую свою знакомку,
Жужу, кудрявую болонку,

На мягкой пуховой подушке, на окне.
К ней ластяся, как будто бы к родне,
Он, с умиленья чуть не плачет,
И под окном
Визжит, вертит хвостом
И скачет.
«Ну, что́, Жужутка, ка́к живешь,
С тех пор, как господа тебя в хоромы взяли?
Ведь, помнишь: на дворе мы часто голодали.
Какую службу ты несешь?»

«На счастье грех роптать», Жужутка отвечает:
«Мой господин во мне души не чает;
Живу в довольстве и добре,
И ем, и пью на серебре;
Резвлюся с барином; а ежели устану,
Валяюсь по коврам и мягкому дивану.
Ты как живешь?» — «Я», отвечал Барбос,
Хвост плетью опустя и свой повеся нос:
«Живу попрежнему: терплю и холод,
И голод,
И, сберегаючи хозяйский дом,
Здесь под забором сплю и мокну под дождем;
А если невпопад залаю,
То и побои принимаю.
Да чем же ты, Жужу, в случа́й попал,
Бессилен бывши так и мал,
Меж тем, как я из кожи рвусь напрасно?
Чем служишь ты?» — «Чем служишь! Вот прекрасно!»
С насмешкой отвечал Жужу:
«На задних лапках я хожу».

Как счастье многие находят
Лишь тем, что хорошо на задних лапках ходят!

Демьянова уха

«Соседушка, мой свет!
Пожалуйста, покушай».—
«Соседушка, я сыт по горло».— «Нужды нет,
Еще тарелочку; послушай:
Ушица, ей-же-ей, на славу сварена!» —
«Я три тарелки съел».— «И, полно, что за счеты:
Лишь стало бы охоты,—
А то во здравье: ешь до дна!
Что за уха! Да как жирна:
Как будто янтарем подернулась она.
Потешь же, миленький дружочек!
Вот лещик, потроха, вот стерляди кусочек!
Еще хоть ложечку! Да кланяйся, жена!»
Так потчевал сосед-Демьян соседа-Фоку
И не давал ему ни отдыху, ни сроку;
А с Фоки уж давно катился градом пот.
Однако же еще тарелку он берет:
Сбирается с последней силой
И — очищает всю. «Вот друга я люблю!»
Вскричал Демьян: «зато уж чванных не терплю.
Ну, скушай же еще тарелочку, мой милой!»
Тут бедный Фока мой,
Как ни любил уху, но от беды такой,

Схватя в охапку
Кушак и шапку,
Скорей без памяти домой —
И с той поры к Демьяну ни ногой.

Писатель, счастлив ты, коль дар прямой имеешь:
Но если помолчать во время не умеешь
И ближнего ушей ты не жалеешь:
То ведай, что твои и проза и стихи
Тошнее будут всем Демьяновой ухи.

Дерево

Уж сколько раз твердили миру,
Что лесть гнусна, вредна; но только всё не впрок,
И в сердце льстец всегда отыщет уголок.

Вороне где-то бог послал кусочек сыру;
На ель Ворона взгромоздясь,
Позавтракать-было совсем уж собралась,
Да позадумалась, а сыр во рту держала.
На ту беду Лиса близехонько бежала;
Вдруг сырный дух Лису остановил:
Лисица видит сыр,— Лисицу сыр пленил.
Плутовка к дереву на цыпочках подходит;
Вертит хвостом, с Вороны глаз не сводит,
И говорит так сладко, чуть дыша:
«Голубушка, как хороша!
Ну что за шейка, что за глазки!
Рассказывать, так, право, сказки!
Какие перушки! какой носок!
И верно ангельский быть должен голосок!
Спой, светик, не стыдись! Что ежели, сестрица,
При красоте такой, и петь ты мастерица,
Ведь ты б у нас была царь-птица!»

Вещуньина с похвал вскружилась голова,
От радости в зобу дыханье сперло,—
И на приветливы Лисицыны слова
Ворона каркнула во все воронье горло:
Сыр выпал — с ним была плутовка такова.

Дикие Козы

Пастух нашел зимой в пещере Диких Коз;
Он в радости богов благодарит сквозь слёз;
«Прекрасно», говорит: «ни клада мне не надо,
Теперь мое прибудет вдвое стадо;
И не доем и не досплю,
А милых Козочек к себе я прикормлю,
И паном заживу у нас во всем полесье.
Ведь пастуху стада, что барину поместье:
Он с них оброк волной берет;
И масла и сыры скопляет.
Подчас он тож и шкурки с них дерет:
Лишь только корм он сам им промышляет,
А корму на зиму у пастуха запас!»
Вот от своих овец к гостям он корм таскает;
Голубит их, ласкает;
К ним за день ходит по сту раз;
Их всячески старается привадить.
Убавил корму у своих,
Теперь, покамест, не до них,
И со своими ж легче сладить:
Сенца им бросить по клочку,
А станут приступать, так дать им по толчку,
Чтоб менее в глаза совались.

Да только вот беда: когда пришла весна,
То Козы Дикие все в горы разбежались,
Не по утесам жизнь казалась им грустна;
Свое же стадо захирело
И всё почти переколело:
И мой пастух пошел с сумой,
Хотя зимой
На барыши в уме рассчитывал прекрасно.
Пастух! тебе теперь я молвлю речь:

Чем в Диких Коз терять свой корм напрасно,
Не лучше ли бы Коз домашних поберечь?

Добрая Лисица

Стрелок весной малиновку убил.
Уж пусть бы кончилось на ней несчастье злое,
Но нет; за ней должны еще погибнуть трое:
Он бедных трех ее птенцов осиротил.
Едва из скорлупы, без смыслу и без сил,
Малютки терпят голод,
И холод,
И писком жалобным зовут напрасно мать.
«Ка́к можно не страдать,
Малюток этих видя;
И сердце чье об них не заболит?»
Лисица птицам говорит,
На камушке против гнезда сироток сидя:
«Не киньте, милые, без помощи детей;
Хотя по зернышку бедняжкам вы снесите,
Хоть по соломинке к их гнездышку приткните:
Вы этим жизнь их сохраните;
Что дела доброго святей!
Кукушка, посмотри, ведь ты и так линяешь:

Не лучше ль дать себя немножко ощипать
И перьем бы твоим постельку их устлать.
Ведь попусту ж его ты растеряешь.
Ты, жавронок, чем по верхам
Тебе кувыркаться, кружиться,
Ты б корму поискал по нивам, по лугам,

Чтоб с сиротами поделиться.

Ты, горлинка, твои птенцы уж подросли,

Промыслить корм они и сами бы могли:

Так ты бы с своего гнезда слетела,

Да вместо матери к малюткам села,

А деток бы твоих пусть бог

Берег.

Ты б, ласточка, ловила мошек,

Полакомить безродных крошек.

А ты бы, милый соловей,—

Ты знаешь, как всех голос твой прельщает,—

Меж тем, пока зефир их с гнездышком качает,

Ты б убаюкивал их песенкой своей.

Такою нежностью, я твердо верю,

Вы б заменили им их горькую потерю.

Послушайте меня: докажем, что в лесах

Есть добрые сердца, и что...» При сих словах

Малютки бедные все трое,

Не могши с голоду сидеть в покое,

Попадали к Лисе на низ.

Что ж кумушка?— Тотчас их съела:

И поученья не допела.

Читатель, не дивись!

Кто добр поистине, не распложая слова,

В молчаньи тот добро творит;

А кто про доброту лишь в уши всем жужжит,

Тот часто только добр на счет другого,

Затем, что в этом нет убытка никакого.

На деле же почти такие люди все —

Сродни моей Лисе.

Дуб и Трость

С Тростинкой Дуб однажды в речь вошел.
«Поистине, роптать ты в праве на природу»,
Сказал он: «воробей, и тот тебе тяжел.
Чуть легкий ветерок подернет рябью воду,
Ты зашатаешься, начнешь слабеть
И так нагнешься сиротливо,
Что жалко на тебя смотреть.
Меж тем как, наравне с Кавказом, горделиво,
Не только солнца я препятствую лучам,
Но, посмеваяся и вихрям, и грозам,
Стою и тверд, и прям,
Как будто б огражден ненарушимым миром.
Тебе всё бурей — мне всё кажется зефиром.
Хотя б уж ты в окружности росла,
Густою тенью ветвей моих покрытой,
От непогод бы я быть мог тебе защитой;
Но вам в удел природа отвела
Брега бурливого Эолова владенья:
Конечно, нет совсем у ней о вас раденья».—
«Ты очень жалостлив», сказала Трость в ответ,
«Однако не крушись: мне столько худа нет.
Не за себя я вихрей опасаюсь;
Хоть я и гнусь, но не ломаюсь:
Так бури мало мне вредят;
Едва ль не более тебе они грозят!
То правда, что еще доселе их свирепость
Твою не одолела крепость,
И от ударов их ты не склонял лица;
Но — подождем конца!»
Едва лишь это Трость сказала,
Вдруг мчится с северных сторон
И с градом, и с дождем шумящий аквилон.
Дуб держится,— к земле Тростиночка припала,
Бушует ветр, удвоил силы он,

Взревел и вырвал с корнем вон
Того, кто небесам главой своей касался
И в области теней пятою упирался.

Заяц на ловле

Большой собравшися гурьбой,
Медведя звери изловили;
На чистом поле задавили —
И делят меж собой
Кто что́ себе достанет.
А Заяц за ушко медвежье тут же тянет.
«Ба, ты, косой»,
Кричат ему: «пожаловал отколе?
Тебя никто на ловле не видал». —
«Вот, братцы!» Заяц отвечал:
«Да из лесу-то кто ж, — всё я его пугал
И к вам поставил прямо в поле

Сердечного дружка?»
Такое хвастовство хоть слишком было явно,
Но показалось так забавно,
Что Зайцу дан клочок медвежьего ушка.
Над хвастунами хоть смеются,
А часто в дележе им доли достаются.

Зеркало и обезьяна

Мартышка, в Зеркале увидя образ свой.
Тихонько Медведя толк ногой:
«Смотри-ка», говорит: «кум милый мой!
Что́ это там за рожа?
Какие у нее ужимки и прыжки!
Я удавилась бы с тоски,
Когда бы на нее хоть чуть была похожа.
А, ведь, признайся, есть
Из кумушек моих таких кривляк пять-шесть:
Я даже их могу по пальцам перечесть».—
«Чем кумушек считать трудиться,
Не лучше ль на себя, кума, оборотиться?»
Ей Мишка отвечал.
Но Мишенькин совет лишь попусту пропал.

Таких примеров много в мире:
Не любит узнавать ни кто себя в сатире.
Я даже видел то вчера:
Что Климыч на-руку нечист, все это знают;
Про взятки Климычу читают.
А он украдкою кивает на Петра.

Змея

Змея Юпитера просила.
Чтоб голос дать ей соловья.
«А то уж», говорит: «мне жизнь моя постыла.
Куда ни покажуся я,

То все меня дичатся,
Кто послабей;
А кто меня сильней,
Дай бог от тех живой убраться.
Нет, жизни этакой я боле не снесу;
А если б соловьем запела я в лесу,
То, возбудя бы удивленье,
Снискала бы любовь и, может быть, почтенье.
И стала бы душой веселых я бесед».
Исполнил Юпитер Змеи прошенье;
Шипенья гнусного пропал у ней и след.
На дерево всползя, Змея на нем засела,
Прекрасным соловьем Змея моя запела,
И стая, было, птиц отвсюду к ней подсела;
Но, возрясь в певца, все с дерева дождем.
Кому понравится такой прием?
«Ужли вам голос мой противен?»
В досаде говорит Змея.

«Нет», отвечал скворец: «он звучен, дивен,
Поешь, конечно, ты, не хуже соловья;
Но, признаюсь, в нас сердце задрожало,
Когда увидели твое мы жало:
Нам страшно вместе быть с тобой.
Итак, скажу тебе, не для досады:
Твоих мы песен слушать рады —
Да только ты от нас подале пой».

Змея и Овца

Змея лежала под колодой
И злилася на целый свет;
У ней другого чувства нет,

Как злиться: создана уж так она природой.
Ягненок в близости резвился и скакал;
Он о Змее совсем не помышлял.

Вот, выползши, она в него вонзает жало:
В глазах у бедняка туманно небо стало;
Вся кровь от яду в нем горит.
«Что сделал я тебе?» Змее он говорит.—
«Кто знает? Может быть, ты с тем сюда забрался,
Чтоб раздавить меня», шипит ему Змея:
«Из осторожности тебя караю я».—
«Ах, нет!» он отвечал,— и с жизнью тут расстался.

В ком сердце так сотворено,
Что дружбы, ни любви не чувствует оно
И ненависть одну ко всем питает,
Тот всякого своим злодеем почитает.

Камен и червяк

«Как расшумелся здесь! Какой невежа!»
Про дождик говорит на ниве Камень, лежа:
«А рады все ему, пожалуй — посмотри!
И ждали так, как гостя дорогого,
А что́ же сделал он такого?
Всего-то шел часа два-три.
Пускай же обо мне расспросят!

Так я уж веки здесь: тих, скромен завсегда.
Лежу смирнёхонько, куда меня ни бросят:
А не слыхал себе спасибо никогда.

Не даром, право, свет поносят:
В нем справедливости не вижу я никак».—
«Молчи!» сказал ему Червяк:
«Сей дождик, как его ни кратко было время,
Лишенную засухой сил
Обильно ниву напоил,
И земледельца он надежду оживил;
А ты на ниве сей пустое только бремя».

Так хвалится иной, что служит сорок лет:
А проку в нем, как в этом Камне нет.

Картина

Невеже пастуху, безмозглому детине,
Попался на картине
Изображенный мир.
Тут славный виден был Природы щедрой пир:
Зеленые луга, текущи чисты воды,
При них гуляющи зверей различных роды,
Которы, позабыв вражды свои,
Играли, прыгали, гуляли, пили, ели
И без коварности друг на друга глядели:
Как будто б были все они одной семьи.
Меж прочим, тут пастух увидел близко речки
Вкруг волка ластились две смирные овечки,
А он в знак дружества овечек сих лизал.
Собаки вдалеке от них спокойно спали.
Пастух, приметя то, сказал:
"Конечно, на волков всклепали.
Что будто бы они
Охотники кратить овечьи дни,

И будто бы еще про них вещает слава,
Овец в леса таскать
И тамо их гладать
В том волчья вся забава;
А мне так кажется, противно то уму,
Чтоб слуху веровать сему;
Вот волк и вот овца; они, резвясь, играют,
Здесь их не в ссоре вижу я.
Они, как будто бы друзья,
Друг к другу ластятся, друг друга обнимают.
Нет! слухам верить я не буду никогда;
Что волки бешены, пустые то лишь враки;
Коль ссорятся они с овцами иногда,
Так верно их мутят коварные собаки.
Сошлю собак из стада вон".
Как соврал мой пастух, так сделал после он.
Собак оставил,
И стадо без собак в леса гулять отправил;
За ними вслед
Сам издали идет
И видит волка с три бегущих к стаду прямо;
Но мой пастух не оробел
И подозрения нимало не имел;
Он мыслит: волки те резвиться будут тамо,
И что они идут к овечкам для игры;
Но волки те овец изрядно потазали
И доказали,
Что на картинах лишь к овцам они добры.
А мой совет: к словам пустым не прилепляйся,
Ни описаниям пристрастным не вверяйся,
Старайся боле сам людей ты примечать,
И истинну хвалу от ложной различать.

Квартет

Проказница-Мартышка,
Осёл,
Козёл
Да косолапый Мишка
Затеяли сыграть Квартет.
Достали нот, баса, альта[8], две скрипки
И сели на лужок под липки,-
Пленять своим искусством свет.
Ударили в смычки, дерут, а толку нет.
"Стой, братцы, стой! - кричит Мартышка.
Погодите!
Как музыке идти? Ведь вы не так сидите.
Ты с басом, Мишенька, садись против альта,
Я, прима, сяду против вторы[9];
Тогда пойдет уж музыка не та:
У нас запляшут лес и горы!"
Расселись, начали Квартет;
Он все-таки на лад нейдет.
"Постойте ж, я сыскал секрет?
Кричит Осел,- мы, верно, уж поладим,
Коль рядом сядем".
Послушались Осла: уселись чинно в ряд;
А все-таки Квартет нейдет на лад.
Вот пуще прежнего пошли у них разборы
И споры,
Кому и как сидеть.
Случилось Соловью на шум их прилететь.
Тут с просьбой все к нему, чтоб их решить сомненье.
"Пожалуй,- говорят,- возьми на час терпенье,
Чтобы Квартет в порядок наш привесть:

---

[8] Альт и бас - музыкальные струнные инструменты.
[9] Прима - первая скрипка в оркестре, втора - вторая скрипка.

И ноты есть у нас, и инструменты есть,
Скажи лишь, как нам сесть!"
"Чтоб музыкантом быть, так надобно уменье
И уши ваших понежней,
Им отвечает Соловей,
А вы, друзья, как ни садитесь;
Всё в музыканты не годитесь".

Клеветник и Змея

Напрасно про бесов болтают,
Что справедливости совсем они не знают,
А правду тож они нередко наблюдают:
Я и пример тому здесь приведу.
По случаю какому-то, в аду
Змея с Клеветником в торжественном ходу
Друг другу первенства оставить не хотели
И зашумели,
Кому из них итти приличней наперед?
А в аде первенство, известно, тот берет,
Кто ближнему наделал больше бед.
Так в споре сем и жарком и не малом
Перед Змеею Клеветник
Свой выставлял язык,
А перед ним Змея своим хвалилась жалом;
Шипела, что нельзя обиды ей снести,
И силилась его переползти.
Вот Клеветник, было, за ней уж очутился;
Но Вельзевул не потерпел того:
Он сам, спасибо, за него
Вступился
И осадил назад Змею,
Сказав: «Хоть я твои заслуги признаю,

Но первенство ему по правде отдаю:
Ты зла,— твое смертельно жало;
Опасна ты, когда близка;
Кусаешь без вины (и то не мало!),

Но можешь ли язвить ты так издалека,
Как злой язык Клеветника,
От коего нельзя спастись ни за горами,
Ни за морями?
Так, стало, он тебя вредней:
Ползи же ты за ним и будь вперед смирней».
С тех про клеветники в аду почетней змей.

К соловью

Отчего сей свист унылый,
Житель рощей, друг полей?
Не из города ль, мой милый,
Прилетел ты, соловей?
Не из клетки ль на свободу
Выпорхнул в счастливый час
И, еще силка страшась,
Робко так поешь природу?
Ах! не бойся — и по воле
Веселись, скачи и пой;
Здесь не в городе мы — в поле;
За прекрасный голос свой
В клетке здесь не насидишься
И с подружкой дорогой
За него не разлучишься.
Позабудь людей, друг мой:
Все приманки их — отравы;

Все их умыслы — лукавы.
Здесь питье и корм простой,
Но вкуснее он на ветке,
При свободе чувств своих,
Нежель корм богатый их
В золотой и пышной клетке.

Колос

На ниве, зыблемый погодой, Колосок,
Увидя за стеклом в теплице
И в неге, и в добре взлелеянный цветок,
Меж тем, как он и мошек веренице,
И бурям, и жарам, и холоду открыт,
Хозяину с досадой говорит:
«За что́ вы, люди, так всегда несправедливы,
Что кто умеет ваш утешить вкус иль глаз,
Тому ни в чем отказа нет у вас;
А кто полезен вам, к тому вы нерадивы?
Не главный ли доход твой с нивы:
А посмотри, в какой небрежности она!
С тех пор, как бросил ты здесь в землю семена,
Укрыл ли под стеклом когда нас от ненастья?
Велел ли нас полоть иль согревать

И приходил ли нас в засуху поливать?
Нет: мы совсем расти оставлены на счастье
Тогда, как у тебя цветы,—
Которыми ни сыт, ни богатеешь ты,
Не так, как мы, закинуты здесь в поле,—
За стеклами растут в приюте, в неге, в холе

Что́ если бы о нас ты столько клал забот?
Ведь в будущий бы год
Ты собрал бы сам-сот,
И с хлебом караван отправил бы в столицу.
Подумай, выстрой-ка пошире нам теплицу»,—
«Мой друг», хозяин отвечал:
«Я вижу, ты моих трудов не примечал.
Поверь, что главные мои о вас заботы.
Когда б ты знал, какой мне стоило работы
Расчистить лес, удобрить землю вам:
И не было конца моим трудам.
Но толковать теперь ни время, ни охоты,
Ни пользы нет.
Дождя ж и ветру ты проси себе у неба;
А если б умный твой исполнил я совет,
То был бы без цветов и был бы я без хлеба».

Так часто добрый селянин,
Простой солдат иль гражданин,
Кой с кем свое сличая состоянье,
Приходят иногда в роптанье.
Им можно то ж почти сказать и в оправданье.

Комар и Волк

Комар
Жил у татар
Иль у казар.
Вдруг Волк
К ним в двери толк,
Давай кричать
И Комара кусать.

Комар испугался,
На печку забрался.
Тут Волк ему:
«С печи тебя стяну!»
А тот: «Нет не достанешь,
Устанешь,
Отстанешь!»
А Волк
Вдруг скок
К нему тут на полати,
Да вот его и проглотил,
Да сам таков и был.
И мне пришло сказать тут кстати,
Что сильный слабого недавно погубил.

Комар и Пастух

Пастух под тенью спал, надеяся на псов,
Приметя то, змея из-под кустов
Ползет к нему, вон высунувши жало;
И Пастуха на свете бы не стало,
Но, сжаляся над ним, Комар, что было сил,
Сонливца укусил.
Проснувшися, Пастух змею убил;
Но прежде Комара спросонья так хватил,
Что бедного его как не бывало.

Таких примеров есть немало:
Коль слабый сильному, хоть движимый добром,
Открыть глаза на правду покусится,
Того и жди, что то же с ним случится,
Что с Комаром.

Конь

У ездока, наездника лихого,
Был Конь,
Какого
И в табунах степных на редкость поискать:
Какая стать!
И рост, и красота, и сила!
Так щедро всем его природа наградила...
Как он прекрасен был с наездником в боях!
Как смело в пропасть шел и выносил в горах.
Но, с смертью ездока, достался Конь другому
Наезднику, да на беду плохому.
Тот приказал его в конюшню свесть
И там, на привязи, давать и пить, и есть;
А за усердие и службу удалую
Век не снимать с него уздечку золотую...
Вот годы целые без дела Конь стоит,
(Хозяин на него любуется, глядит,
А сесть боится,
Чтоб не свалиться.
И стал наш Конь в летах,
Потух огонь в глазах,
И спал он с тела:
И как вскормленному в боях
Не похудеть без дела!
Коня всем жаль: и конюхи плохие,
Да и наездники лихие
Между собою говорят:
"Ну, кто б Коню такому был не рад,
Кабы другому он достался?"
В том и хозяин сознавался,
Да для него ведь та беда.
Что Конь в возу не ходит никогда.
И вправду: есть Кони, уж от природы

Такой породы,
Скорей его убьешь,
Чем запряжешь.

Кот и повар

Какой-то Повар, грамотей,
С поварни побежал своей
В кабак (он набожных был правил
И в этот день по куме тризну правил[10]),
А дома стеречи съестное от мышей
Кота оставил.
Но что же, возвратясь, он видит? На полу
Объедки пирога; а Васька-Кот в углу,
Припав за уксусным бочонком,
Мурлыча и ворча, трудится над курчонком.
"Ах ты, обжора! ах, злодей! -
Тут Ваську Повар укоряет,-
Не стыдно ль стен тебе, не только что людей?
(А Васька все-таки курчонка убирает.)
Как! быв честным Котом до этих пор,
Бывало, за пример тебя смиренства кажут,-
А ты... ахти, какой позор!
Теперя все соседи скажут:
"Кот Васька плут! Кот Васька вор!
И Ваську-де, не только что в поварню,
Пускать не надо и на двор,
Как волка жадного в овчарню:
Он порча, он чума, он язва здешних мест!"
(А Васька слушает, да ест.)
Тут ритор[11] мой, дав волю слов теченью,

---

[10] Тризну правил - справлял поминки по умершему.

66

Не находил конца нравоученью,
Но что ж? Пока его он пел,
Кот Васька все жаркое съел.

А я бы повару иному
Велел на стенке зарубить:
Чтоб там речей не тратить по-пустому,
Где нужно власть употребить.

Котел и Горшок

Горшок с Котлом большую дружбу свел;
Хотя и познатней породою Котел,
Но в дружбе что за счет? Котел горой за свата:
Горшок с Котлом запанибрата;
Друг без друга они не могут быть никак;
С утра до вечера друг с другом неразлучно;
И у огня им порознь скучно;
И, словом, вместе всякий шаг,
И с очага и на очаг.
Вот вздумалось Котлу по свету прокатиться,
И друга он с собой зовет;
Горшок наш от Котла никак не отстает
И вместе на одну телегу с ним садится.
Пустилися друзья по тряской мостовой,
Толкаются в телеге меж собой.
Где горки, рытвины, ухабы -
Котлу безделица; Горшки натурой слабы:
От каждого толчка Горшку большой наклад;

---

[11] Ритор - оратор, который произносит речи пышные, красивые, но пустые, бесполезные.

Однако ж он не думает назад,
И глиняный Горшок тому лишь рад,
Что он с Котлом чугунным так сдружился.
Как странствия их были далеки,
Не знаю; но о том я точно известился,
Что цел домой Котел с дороги воротился,
А от Горшка одни остались черепки.

Читатель, басни сей мысль самая простая:
Что равенство в любви и дружбе вещь святая.

Котенок и Скворец

В каком-то доме был Скворец,
Плохой певец;
Зато уж философ презнатный,
И свел с Котенком дружбу он.
Котенок был уж котик преизрядный,
Но тих и вежлив, и смирен.
Вот как-то был в столе Котенок обделен.
Бедняжку голод мучит:
Задумчив бродит он, скучаючи постом;
Поводит ласково хвостом
И жалобно мяучит.
А философ Котенка учит —
И говорит ему. «Мой друг, ты очень прост,
Что терпишь добровольно пост;
А в клетке над носом твоим висит щегленок:
Я вижу ты прямой Котенок».
«Но совесть...» — «Как ты мало знаешь свет!
Поверь, что это сущий бред,
И слабых душ одни лишь предрассудки,

А для больших умов — пустые только шутки!
На свете кто силен,
Тот делать всё волен.
Вот доказательства тебе и вот примеры».
Тут, выведя их на свои манеры,
Он философию всю вычерпал до дна.
Котенку натощак понравилась она:
Он вытащил и съел щегленка.
Разлакомил кусок такой Котенка,
Хотя им голода он утолить не мог.
Однако же второй урок.
С большим успехом слушал
И говорит Скворцу: «Спасибо, милый кум!
Наставил ты меня на ум».
И, клетку разломав, учителя он скушал.

Кошка и соловей

Поймала Кошка Соловья,
В бедняжку когти запустила
И, ласково его сжимая, говорила:
"Соловушка, душа моя!
Я слышу, что тебя везде за песни славят
И с лучшими певцами рядом ставят.
Мне говорит лиса-кума,
Что голос у тебя так звонок и чудесен,
Что от твоих прелестных песен
Все пастухи, пастушки - без ума.
Хотела б очень я сама
Тебя послушать.
Не трепещися так; не будь, мой друг, упрям
Не бойся: не хочу совсем тебя я кушать.
Лишь спой мне что-нибудь: тебе я волю дам

69

И отпущу гулять по рощам и лесам
В любви я к музыке тебе не уступаю
И часто, про себя мурлыча, засыпаю".
Меж тем мой бедный Соловей
Едва-едва дышал в когтях у ней.
"Ну, что же? - продолжает Кошка. -
Пропой, дружок, хотя немножко".
Но наш певец не пел, а только что пищал,
"Так этим-то леса ты восхищал? -
С насмешкою она спросила. -
Где же эта чистота и сила,
О коих все без умолку твердят?
Мне скучен писк такой и от моих котят.
Нет, вижу, что в пенье ты вовсе не искусен.
Все без начала, без конца.
Посмотрим, на зубах каков-то будешь вкусен!"
И съела бедного певца
До крошки
Сказать ли на ушко яснее мысль мою?
Худые песни Соловью
В когтях у Кошки.

Крестьянин в беде

К Крестьянину на двор
Залез осенней ночью вор;
Забрался в клеть и, на просторе,
Обшаря стены все, и пол, и потолок,
Покрал бессовестно, что мог:
И то сказать, какая совесть в воре!
Ну так, что наш мужик, бедняк,
Богатым лег, а с голью встал такою,
Хоть по-миру поди с сумою;

Не дай бог никому проснуться худо так!
Крестьянин тужит и горюет,
Родню сзывает и друзей,
Соседей всех и кумовей.
«Нельзя ли», говорит: «помочь беде моей?»
Тут всякий с мужиком толкует,
И умный свой дает совет.
Кум Карпыч говорит: «Эх, свет!
Не надобно было тебе по миру славить,
Что столько ты богат».
Сват Климыч говорит: «Вперед, мой милый сват,

Старайся клеть к избе гораздо ближе ставить».—
«Эх, братцы, это всё не так»,
Сосед толкует Фока:
«не то беда, что клеть далека,
Да надо на дворе лихих держать собак;
Возьми-ка у меня щенка любого
От жучки: я бы рад соседа дорогого
От сердца наделить,
Чем их топить».
И словом, от родни и от друзей любезных
Советов тысячу надавано полезных,
Кто сколько мог,
А делом ни один бедняжке не помог.

На свете таково ж: коль в нужду попадешься,
Отведай сунуться к друзьям:
Начнут советовать и вкось тебе, и впрямь:
А чуть о помощи на деле заикнешься,
То лучший друг
И нем и глух.

Крестьянин и Змея

Змея к Крестьянину пришла проситься в дом,
Не по-пустому жить без дела,
Нет, няньчить у него детей она хотела:
Хлеб слаще нажитый трудом!
«Я знаю», говорит она: «худую славу,
Которая у вас, людей,
Идет про Змей,
Что все они презлого нраву;
Из древности гласит молва,
Что благодарности они не знают;
Что нет у них ни дружбы, ни родства;
Что даже собственных детей они съедают.
Всё это может быть: но я не такова.
Я сроду никого не только не кусала,
Но так гнушаюсь зла,
Что жало у себя я вырвать бы дала,

Когда б я знала,
Что жить могу без жала;
И, словом, я добрей
Всех Змей.
Суди ж, как буду я любить твоих детей!» —
«Коль это», говорит Крестьянин: «и не ложно,
Всё мне принять тебя не можно;
Когда пример такой
У нас полюбят,
Тогда вползут сюда за доброю Змеей,
Одной,
Сто злых и всех детей здесь перегубят.
Да, кажется, голубушка моя,
И потому с тобой мне не ужиться,
Что лучшая Змея,
По мне, ни к чорту не годится».
Отцы, понятно ль вам, на что́ здесь мечу я?

Крестьянин и Лисица

«Скажи мне, кумушка, что у тебя за страсть
Кур красть?»
Крестьянин говорил Лисице, встретясь с нею,
«Я, право, о тебе жалею!
Послушай, мы теперь вдвоем,
Я правду всю скажу: ведь в ремесле твоем
Ни на волос добра не видно.
Не говоря уже, что красть и грех и стыдно,
И что бранит тебя весь свет;
Да дня такого нет,
Чтоб не боялась ты за ужин иль обед
В курятнике оставить шкуры!
Ну, стоют ли того все куры?» —
«Кому такая жизнь сносна?»
Лисица отвечает:
«Меня так всё в ней столько огорчает,
Что даже мне и пища не вкусна.
Когда б ты знал, как я в душе честна!
Да что же делать? Нужда, дети;
Притом же иногда, голубчик-кум,
И то приходит в ум,
Что я ли воровством одна живу на свете?
Хоть этот промысел мне точно острый нож».—
«Ну, что ж?»
Крестьянин говорит: «коль вправду ты не лжешь,
Я от греха тебя избавлю
И честный хлеб тебе доставлю;
Наймись курятник мой от лис ты охранять:
Кому, как не Лисе, все лисьи плутни знать?
Зато ни в чем не будешь ты нуждаться
И станешь у меня как в масле сыр кататься».
Торг слажен; и с того ж часа́
Вступила в караул Лиса.
Пошло у мужика житье Лисе привольно;

Мужик богат, всего Лисе довольно;
Лисица стала и сытей,
Лисица стала и жирней,

Но всё не сделалась честней:
Некраденый кусок приелся скоро ей;.
И кумушка тем службу повершила,
Что, выбрав ночку потемней,
У куманька всех кур передушила.

В ком есть и совесть, и закон,
Тот не украдет, не обманет,
В какой бы нужде ни был он;
А вору дай хоть миллион —
Он воровать не перестанет.

Крестьянин и Лисица

«Скажи мне, кумушка, что у тебя за страсть
Кур красть?»
Крестьянин говорил Лисице, встретясь с нею,
«Я, право, о тебе жалею!
Послушай, мы теперь вдвоем,
Я правду всю скажу: ведь в ремесле твоем
Ни на волос добра не видно.
Не говоря уже, что красть и грех и стыдно,
И что бранит тебя весь свет;
Да дня такого нет,
Чтоб не боялась ты за ужин иль обед
В курятнике оставить шкуры!
Ну, стоят ли того все куры?» —
«Кому такая жизнь сносна?»
Лисица отвечает:

«Меня так всё в ней столько огорчает,
Что даже мне и пища не вкусна.
Когда б ты знал, как я в душе честна!
Да что же делать? Нужда, дети;
Притом же иногда, голубчик-кум,
И то приходит в ум,
Что я ли воровством одна живу на свете?
Хоть этот промысел мне точно острый нож».—
«Ну, что ж?»
Крестьянин говорит: «коль вправду ты не лжешь,
Я от греха тебя избавлю
И честный хлеб тебе доставлю;
Наймись курятник мой от лис ты охранять:
Кому, как не Лисе, все лисьи плутни знать?
Зато ни в чем не будешь ты нуждаться
И станешь у меня как в масле сыр кататься».
Торг слажен; и с того ж часа́
Вступила в караул Лиса.
Пошло у мужика житье Лисе привольно;
Мужик богат, всего Лисе довольно;
Лисица стала и сытей,
Лисица стала и жирней,

Но всё не сделалась честней:
Некраденый кусок приелся скоро ей;.
И кумушка тем службу повершила,
Что, выбрав ночку потемней,
У куманька всех кур передушила.

В ком есть и совесть, и закон,
Тот не украдет, не обманет,
В какой бы нужде ни был он;
А вору дай хоть миллион —
Он воровать не перестанет.

Крестьянин и лошадь

Крестьянин засевал овес;
То видя, Лошадь молодая
Так про себя ворчала, рассуждая:
«За делом столько он овса сюда принес!
Вот, говорят, что люди нас умнее:
Что́ может быть безумней и смешнее,
Как поле целое изрыть,
Чтоб после рассорить
На нем овес свой попустому?
Стравил бы он его иль мне, или гнедому;
Хоть курам бы его он вздумал разбросать,
Всё было б более похоже то на стать;
Хоть спрятал бы его: я видела б в том скупость;
А попусту бросать! Нет, это просто глупость».
Вот к осени, меж тем, овес тот убран был,
И наш Крестьянин им того ж Коня кормил.

Читатель! Верно, нет сомненья,
Что не одобришь ты конева рассужденья;
Но с самой древности, в наш даже век,
Не так ли дерзко человек
О воле судит Провиденья,
В безумной слепоте своей,
Не ведая его ни цели, ни путей?

Крестьянин и Овца

Крестьянин по́звал в суд Овцу;
Он уголовное взвел на бедняжку дело;

Судья — Лиса: оно в минуту закипело.
Запрос ответчику, запрос истцу,
Чтоб рассказать по пунктам и без крика:
Ка́к было дело; в чем улика?
Крестьянин говорит: «Такого-то числа,
Поутру, у меня двух кур не досчитались:
От них лишь косточки да перышки остались;
А на дворе одна Овца была».
Овца же говорит: она всю ночь спала,
И всех соседей в том в свидетели звала,
Что никогда за ней не знали никакого
Ни воровства,
Ни плутовства;
А сверх того она совсем не ест мясного,
И приговор Лисы вот, от слова до слова:
«Не принимать никак резонов от Овцы:
Понеже хоронить концы
Все плуты, ведомо, искусны;
По справке ж явствует, что в сказанную ночь —
Овца от кур не отлучалась прочь,
А куры очень вкусны,
И случай был удобен ей;
То я сужу, по совести моей:
Нельзя, чтоб утерпела
И кур она не съела;
И вследствие того казнить Овцу,
И мясо в суд отдать, а шкуру взять истцу».

Крестьянин и Смерть

Набрав валежнику порой холодной, зимной,
Старик, иссохший весь от нужды и трудов,

Тащился медленно к своей лачужке дымной,
Кряхтя и охая под тяжкой ношей дров.
Нес, нес он их и утомился,
Остановился,
На землю с плеч спустил дрова долой,
Присел на них, вздохнул и думал сам с собой:
«Куда я беден, боже мой!
Нуждаюся во всем; к тому ж жена и дети,
А там подушное, боярщина, оброк...
И выдался ль когда на свете
Хотя один мне радостный денёк?»
В таком унынии, на свой пеняя рок,
Зовет он смерть: она у нас не за горами,
А за плечами:
Явилась вмиг
И говорит: «Зачем ты звал меня, старик?»
Увидевши ее свирепую осанку,
Едва промолвить мог бедняк, оторопев:
«Я звал тебя, коль не во гнев,
Чтоб помогла ты мне поднять мою вязанку».

Из басни сей
Нам видеть можно,
Что как бывает жить ни тошно,
А умирать еще тошней.

Крестьянин и Собака

У мужика, большого эконома,
Хозяина зажиточного дома,
Собака нанялась и двор стеречь,
И хлебы печь,
И, сверх того, полоть и поливать рассаду.

Какой же выдумал он вздор,—
Читатель говорит — тут нет ни складу,
Ни ладу.
Пускай бы стеречи уж двор;
Да видано ль, чтоб где собаки хлеб пекали
Или рассаду поливали?
Читатель! Я бы был не прав кругом,

Когда сказал бы: «да»,— да дело здесь не в том,
А в том, что наш Барбос за всё за это взялся,
И вымолвил себе он плату за троих;
Барбосу хорошо: что́ нужды до других.
Хозяин между тем на ярмарку собрался,
Поехал, погулял — приехал и назад,
Посмотрит — жизни стал не рад,
И рвет, и мечет он с досады:
Ни хлеба дома, ни рассады.
А сверх того, к нему на двор
Залез и клеть его обкрал начисто вор.
Вот на Барбоса тут посыпалось руганье;
Но у него на всё готово оправданье;
Он за рассадою печь хлеб никак не мог;
Рассадник оттого лишь только не удался,
Что, сторожа́ вокруг двора, он стал без ног;
А вора он затем не устерег,
Что хлебы печь тогда сбирался.

Крестянин и работник

Когда у нас беда над головой,
То рады мы тому молиться,
Кто вздумает за нас вступиться;

Но только с плеч беда долой,
То избавителю от нас же часто худо:
Все взапуски его ценят,
И если он у нас не виноват,
Так это чудо!

Старик-Крестьянин с Батраком
Шел, под-вечер, леском
Домой, в деревню, с сенокосу,
И повстречали вдруг медведя носом к носу.
Крестьянин ахнуть не успел,
Как на него медведь насел.
Подмял Крестьянина, ворочает, ломает,
И, где б его почать, лишь место выбирает:
Конец приходит старику.
«Степанушка родной, не выдай, милой!»
Из-под медведя он взмолился Батраку.
Вот, новый Геркулес, со всей собравшись силой,
Что только было в нем,
Отнес полчерепа медведю топором
И брюхо проколол ему железной вилой.
Медведь взревел и замертво упал:
Медведь мой издыхает.
Прошла беда; Крестьянин встал,
И он же Батрака ругает.
Опешил бедный мой Степан.
«Помилуй», говорит: «за что?» — «За что, болван!
Чему обрадовался сдуру?
Знай колет: всю испортил шкуру!».

Крестьянин и Разбойник

Крестьянин, заводясь домком,
Купил на ярмарке подойник, да корову,
И с ними сквозь дуброву
Тихонько брел домой проселочным путем,
Как вдруг Разбойнику попался.
Разбойник Мужика как липку ободрал.
«Помилуй», всплачется Крестьянин: «я пропал,
Меня совсем ты доканал!
Год целый я купить коровушку сбирался:
Насилу этого дождался дня».—
«Добро, не плачься на меня»,
Сказал, разжалобясь, Разбойник:
«И подлинно, ведь мне коровы не доить;
Уж так и быть,
Возьми себе назад подойник».

Крестьяне и Река

Крестьяне, вышед из терпенья
От разоренья.
Что речки им и ручейки
При водопольи причиняли,
Пошли просить себе управы у Реки,
В которую ручьи и речки те впадали.
И было что́ на них донесть!
Где озими разрыты;
Где мельницы посорваны и смыты;
Потоплено скота, что и не счесть!
А та Река течет так смирно, хоть и пышно;

81

На ней стоят большие города,
И никогда
За ней таких проказ не слышно:

Так, верно, их она уймет,
Между собой Крестьяне рассуждали.
Но что́ ж? как подходить к Реке поближе стали
И посмотрели, так узнали,
Что половину их добра по ней несет.
Тут, попусту не заводя хлопот,
Крестьяне лишь его глазами проводили;
Потом взглянулись меж собой
И, покачавши головой,
Пошли домой.
А отходя, проговорили:
«На что и время тратить нам!
На младших не найдешь себе управы там,
Где делятся они со старшим пополам».

Крестьянин и Топор

Мужик, избу рубя, на свой Топор озлился;
Пошел топор в-худых; Мужик взбесился:
Он сам нарубит вздор,
А виноват во всем Топор:
Бранить его, хоть как, Мужик найдет причину.
«Негодный!» он кричит однажды: «с этих пор
Ты будешь у меня обтесывать тычину,
А я, с моим уменьем и трудом,
Притом с досужестью моею,
Знай, без тебя пробавиться умею
И сделаю простым ножом,
Чего другой не срубит топором».—

«Рубить, что мне велишь, моя такая доля»,
Смиренно отвечал Топор на окрик злой:
«И так, хозяин мой,
Твоя святая воля,
Готов тебе я всячески служить;
Да только ты смотри, чтоб после не тужить:
Меня ты попусту иступишь,
А всё ножом избы не срубишь».

Кукушка и Горлинка

Кукушка на суку печально куковала.
«Что, кумушка, ты так грустна?»
Ей с ветки ласково Голубка ворковала:
«Или о том, что миновала
У нас весна
И с ней любовь, спустилось солнце ниже,
И что к зиме мы стали ближе?» —
«Как, бедной, мне не горевать?»
Кукушка говорит: «Будь ты сама судьею:

Любила счастливо я нынешней весною,
И, наконец, я стала мать;
Но дети не хотят совсем меня и знать:
Такой ли чаяла от них я платы!
И не завидно ли, когда я погляжу,
Как увиваются вкруг матери утяты,
Как сыплют к курице дождем по зву цыпляты:
А я, как сирота, одним-одна сижу,
И что́ есть детская приветливость — не знаю».—
«Бедняжка! о тебе сердечно я страдаю;
Меня бы нелюбовь детей могла убить,
Хотя пример такой не редок;

Скажи ж — так-стало, ты уж вывела и деток?
Когда же ты гнездо успела свить?
Я этого и не видала:
Ты всё порхала, да летала».—
«Вот вздор, чтоб столько красных дней
В гнезде я, сидя, растеряла:
Уж это было бы всего глупей!
Я яица всегда в чужие гнезды клала».—
«Какой же хочешь ты и ласки от детей?»
Ей Горлинка на то сказала.

Отцы и матери! вам басни сей урок.
Я рассказал ее не детям в извиненье:
К родителям в них непочтенье
И нелюбовь — всегда порок;
Но если выросли они в разлуке с вами,
И вы их вверили наемничьим рукам:
Не вы ли виноваты сами,
Что в старости от них утехи мало вам?

Кукушка и петух

«Как, милый Петушок, поешь, ты громко, важно!»-
«А ты, Кукушечка, мой свет,
Как тянешь плавно и протяжно:
Во всем лесу у нас такой певицы нет!» —
«Тебя, мой куманек, век слушать я готова».—
«А ты, красавица, божусь,
Лишь только замолчишь, то жду я, не дождусь,
Чтоб начала ты снова...
Отколь такой берется голосок?
И чист, и нежен, и высок!..
Да вы уж родом так: собою невелички,

А песни, что твой соловей!» —
«Спасибо, кум; зато, по совести моей,
Поешь ты лучше райской птички,
На всех ссылаюсь в этом я».
Тут Воробей, случась, примолвил им: «Друзья!
Хоть вы охрипните, хваля друг дружку,—
Все ваша музыка плоха!..»

За что же, не боясь греха,
Кукушка хвалит Петуха?
За то, что хвалит он Кукушку.

Кукушка и Орел

Орел пожаловал Кукушку в Соловьи.
Кукушка, в новом чине,
Усевшись важно на осине,
Таланты в музыке свои
Выказывать пустилась;
Глядит — все прочь летят,
Одни смеются ей, а те ее бранят.
Моя Кукушка огорчилась
И с жалобой на птиц к Орлу спешит она.
10 «Помилуй!» говорит: «по твоему веленью
Я Соловьем в лесу здесь названа;
А моему смеяться смеют пенью!» —
«Мой друг!» Орел в ответ: «я царь, но я не бог.
Нельзя мне от беды твоей тебя избавить.
Кукушку Соловьем честить я мог заставить;
Но сделать Соловьем Кукушку я не мог».

Купец

«Поди-ка, брат Андрей!
Куда ты там запал? Поди сюда, скорей.
Да подивуйся дяде!
Торгуй по-мо́ему, так будешь не в накладе».
Так в лавке говорил племяннику Купец:
«Ты знаешь польского сукна конец,
Который у меня так долго залежался,
Затем, что он и стар, п подмочен, и гнил:
Ведь это я сукно за английское сбыл!
Вот, видишь, сей лишь час взял за него сотняжку:
Бог о́лушка послал».—
«Всё это, дядя, так», племянник отвечал:
«Да в олухи-то, я не знаю, кто́ попал:
Вглядись-ко: ты ведь взял фальшивую бумажку».

Обманут! Обманул Купец: в том дива нет;
Но если кто на свет
Повыше лавок взглянет,—
Увидит, что и там на ту же стать идет;
Почти у всех во всем один расчет:
Кого кто лучше проведет,
И кто кого хитрей обманет.

Лань и дервиш

Маладая Лань, своих лишась любезных чад,
Еще сосцы млеком имея отягченны,
Нашла в лесу двух малых волченят

И стала выполнять долг матери священный,
Своим питая их млеком.
В лесу живущий с ней одном,
Дервиш, ее поступком изумленный,
«О, безрассудная!» сказал: «к кому любовь,
Кому свое млеко ты расточаешь?
Иль благодарности от их ты роду чаешь?
Быть может, некогда (иль злости их не знаешь?)
Они прольют твою же кровь».—
«Быть может», Лань на это отвечала:
«Но я о том не помышляла
И не желаю помышлять:
Мне чувство матери одно теперь лишь мило
И молоко мое меня бы тяготило,
Когда б не стала я питать».

Так, истинная благость
Без всякой мзды добро творит:
Кто добр, тому избытки в тягость,
Коль он их с ближним не делит.

Ларчик

Случается нередко нам
И труд и мудрость видеть там,
Где стоит только догадаться
За дело просто взяться.

К кому-то принесли от мастера Ларец.
Отделкой, чистотой Ларец в глаза кидался;
Ну, всякий Ларчиком прекрасным любовался.
Вот входит в комнату механики мудрец.

Взглянув на Ларчик, он сказал: "Ларец с секретом,
Так; он и без замка;
А я берусь открыть; да, да, уверен в этом;
Не смейтесь так исподтишка!
Я отыщу секрет и Ларчик вам открою:
В механике и я чего-нибудь да стою".
Вот за Ларец принялся он:
Вертит его со всех сторон
И голову свою ломает;
То гвоздик, то другой, то скобку пожимает.
Тут, глядя на него, иной
Качает головой;
Те шепчутся, а те смеются меж собой.
В ушах лишь только отдается:
"Не тут, не так, не там!" Механик пуще рвется.
Потел, потел; но, наконец, устал,
От Ларчика отстал
И, как открыть его, никак не догадался:
А Ларчик просто открывался.

Лебедь, Щука и Рак

Уж сколько раз твердили миру,
Что лесть гнусна, вредна; но только все не впрок,
И в сердце льстец всегда отыщет уголок.
Вороне где-то бог послал кусочек сыру;
На ель Ворона взгромоздясь,
Позавтракать было совсем уж собралась,
Да позадумалась, а сыр во рту держала.
На ту беду, Лиса близехонько бежала;
Вдруг сырный дух Лису остановил:
Лисица видит сыр,

Лисицу сыр пленил,
Плутовка к дереву на цыпочках подходит;
Вертит хвостом, с Вороны глаз не сводит
И говорит так сладко, чуть дыша:
"Голубушка, как хороша!
Ну что за шейка, что за глазки!
Рассказывать, так, право, сказки!
Какие перышки! какой носок!
И, верно, ангельский быть должен голосок!
Спой, светик, не стыдись!
Что ежели, сестрица,
При красоте такой и петь ты мастерица,
Ведь ты б у нас была царь-птица!"
Вещуньина[12] с похвал вскружилась голова,
От радости в зобу дыханье сперло, -
И на приветливы Лисицыны слова
Ворона каркнула во все воронье горло:
Сыр выпал - с ним была плутовка такова.

Лев

Когда уж Лев стал хил и стар,
То жесткая ему постеля надоела:
В ней больно и костям; она ж его не грела,
И вот сзывает он к себе своих бояр,
Медведей и волков пушистых и косматых,
И говорит: "Друзья! для старика,
Постель моя уж чересчур жестка:
Так как бы, не тягча ни бедных, ни богатых,
Мне шерсти пособрать,

---

[12] Вещунья - предсказательница. В народных легендах и сказках ворон, ворона изображаются как вещие птицы.

Чтоб не на голых камнях спать".
"Светлейший Лев! - ответствуют вельможи, -
Кто станет для тебя жалеть своей
Не только шерсти - кожи,
И мало ли у нас мохнатых здесь зверек:
Олени, серны, козы, лани,
Они почти не платят дани;
Набрать с них шерсти поскорей:
От этого их не убудет;
Напротив, им же легче будет".
И тотчас выполнен совет премудрый сей.
Лев не нахвалится усердием друзей;
Ко в чем же то они усердие явили?
Тем, что бедняжек захватили
И дочиста обрили,
А сами вдвое хоть богаче шерстью были -
Не поступилися своим ни волоском;
Напротив, всяк из них, кто близко тут случился,
Из той же дани поживился -
И на зиму себе запасся тюфяком.

Лев и Барс

Когда-то, в старину,
Лев с Барсом вел предолгую войну
За спорные леса, за дебри, за вертепы.
Судиться по правам - не тот у них был нрав;
Да сильные ж в правах бывают часто слепы.
У них на это свой устав:
Кто одолеет, тот и прав.
Однако, наконец, не вечно ж драться -
И когти притупятся:
Герои по правам решились разобраться;

Намерились дела военны прекратить,

Окончить все раздоры,

Потом, как водится, мир вечный заключить

До первой ссоры.

"Назначим же скорей

Мы от себя секретарей, -

Льву предлагает Барс, - и как их ум рассудит,

Пусть так и будет.

Я, например, к тому определю Кота:

Зверек хоть неказист, да совесть в нем чиста;

А ты Осла назначь: он знатного же чина,

И, к слову молвить здесь,

Куда он у тебя завидная скотина!

Поверь, как другу, мне: совет и двор твой весь

Его копытца вряд ли стоят.

Положимся ж на том,

На чем

С моим Котишком он устроит".

И Лев мысль Барса утвердил

Без спору;

Но только не Осла, Лисицу нарядил

Он от себя для этого разбору,

Примолвя про себя (как видно, знал он свет):

"Кого нам хвалит враг, в том, верно, проку нет".

Лев и комар

Бессильному не смейся

И слабого обидеть не моги!

Мстят сильно иногда бессильные враги.

Так слишком на свою ты силу не надейся!

Послушай басню здесь о том,

Как больно Лев за спесь наказан Комаром

Вот что о том я слышал стороною:

Сухое к Комару явил презренье Лев:

Зло взяло Комара: обиды не стерпев,

Собрался, поднялся Комар на Льва войною.

Сам ратник[13], сам трубач, пищит во всю гортань

И вызывает Льва на смертоносну брань.

Льву смех, но ваш Комар не шутит:

То с тылу, то в глаза, то в уши Льву он трубит!

И, место высмотрев и время улуча,

Орлом на Льва спустился

И Льву в крестец всем жалом впился.

Лев дрогнул и взмахнул хвостом на трубача.

Увертлив наш Комар, да он же и не трусит!

Льву сел на самый лоб и Львину кровь сосет.

Лев голову крутит, Лев гривою трясет.

Но наш герой свое несет:

То в нос забьется Льву, то в ухо Льва укусит.

Вздурился Лев,

Престрашный поднял рев,

Скрежещет в ярости зубами,

И землю он дерет когтями.

От рыка грозного окружный лес дрожит,

Страх обнял всех зверей; все кроется, бежит:

Отколь у всех взялися ноги,

Как будто бы пришел потоп или пожар!

И кто ж? - Комар

Наделал столько всем тревоги!

Рвался, метался Лев и, выбившись из сил,

О землю грянулся и миру запросил.

Насытил злость Комар; Льва жалует он миром:

Из Ахиллеса[14] вдруг становится Омиром[15]

И сам

Летит трубить свою победу по лесам.

---

[13] Ратник (старинное русское слово) – воин.

[14] Ахиллес - легендарный герой Древней Греции, храбрый воин.

[15] Омир - Гомер, поэт Древней Греции, прославивший в своих песнях подвиги героев.

Лев и Лисица

Лиса, не видя сроду Льва,
С ним встретясь, со страстей осталась чуть жива.
Вот, несколько спустя, опять ей Лев попался,
Но уж не так ей страшен показался.
А третий раз потом
Лиса и в разговор пустилася со Львом.
Иного так же мы боимся,
Поколь к нему не приглядимся.

Лев на ловле

Собака, Лев да Волк с Лисой
В соседстве как-то жили,
И вот какой
Между собой
Они завет все положили:
Чтоб им зверей съобща ловить,
И что наловится, все поровну делить.
Не знаю, как и чем, а знаю, что сначала
Лиса оленя поимала
И шлет к товарищам послов,
Чтоб шли делить счастливый лов:
Добыча, право, недурная!
Пришли, пришел и Лев; он, когти разминая
И озираючи товарищей кругом,
Дележ располагает
И говорит: "Мы, братцы, вчетвером.-
И начетверо он оленя раздирает.-
Теперь давай делить! Смотрите же, друзья;

93

Вот эта часть моя
По договору;
Вот эта мне, как Льву, принадлежит без спору;
Вот эта мне за то, что всех сильнее я;
А к этой чуть из вас лишь лапу кто протянет,
Тот с места жив не встанет".

Лев и Мышь

У Льва просила Мышь смиренно позволенья
Поблизости его в дупле завесть селенье
И так примолвила: «Хотя-де здесь, в лесах,
Ты и могуч и славен;
Хоть в силе Льву никто не равен,
И рев один его на всех наводит страх,
Но будущее кто угадывать возьмется —
Ка́к знать? кому в ком нужда доведется?
И как я ни мала кажусь,
А, может быть, подчас тебе и пригожусь».—
«Ты!» вскрикнул Лев: «Ты, жалкое созданье!
За эти дерзкие слова
Ты стоишь смерти в наказанье.
Прочь, прочь отсель, пока жива —
Иль твоего не будет праху».
Тут Мышка бедная, не вспомняся от страху,
Со всех пустилась ног — простыл ее и след.
Льву даром не прошла, однако ж, гордость эта:
Отправяся искать добычи на обед,
Попался он в тенета.
Без пользы сила в нем, напрасен рев и стон,
Как он ни рвался, ни метался,
Но всё добычею охотника остался,
И в клетке на-показ народу увезён.

Про Мышку бедную тут поздно вспомнил он,
Что бы помочь она ему сумела,
Что сеть бы от ее зубов не уцелела,
И что его своя кичливость съела.

Читатель,— истину любя,
Примолвлю к басне я, и то не от себя —
Не попусту в народе говорится:
Не плюй в колодезь, пригодится
Воды напиться.

Лев состаревшийся

Могучий Лев, гроза лесов,
Постигнут старостью, лишился силы:
Нет крепости в когтях, нет острых тех зубов.
Чем наводил он ужас на врагов,
И самого едва таскают ноги хилы.
А что всего больней,
Не только он теперь не страшен для зверей,
Но всяк, за старые обиды Льва, в отмщенье,
Наперерыв ему наносит оскорбленье:
То гордый конь его копытом крепким бьет,
То зубом волк рванет,
То острым рогом вол боднет.
Лев бедный в горе толь великом,
Сжав сердце, терпит всё и ждет кончины злой,
Лишь изъявляя ропот свой
Глухим и томным рыком.
Как видит, что осел туда ж, натужа грудь,
Сбирается его лягнуть
И смотрит место лишь, где б было побольнее.

«О, боги!» возопил, стеная, Лев тогда:
«Чтоб не дожить до этого стыда,
Пошлите лучше мне один конец скорее!
Как смерть моя ни зла:
Всё легче, чем терпеть обиды от осла».

Лев и Человек

Быть сильным хорошо, быть умным лучше вдвое.
Кто веры этому неймет,
Тот ясный здесь пример найдет,
Что сила без ума сокровище плохое.
Раскинувши тенета меж дерев,
Ловец добычи дожидался:
Но как-то, оплошав, сам в лапы Льву попался.
"Умри, презренна тварь! - взревел свирепый Лев,
Разинув на него свой зев.
Посмотрим, где твои права, где сила, твердость,
По коим ты в тщеславии своем
Всей твари, даже Льва, быть хвалишься царем?
И у меня в когтях мы разберем,
Сразмерна ль с крепостью твоей такая гордость!"
"Не сила разум нам над вами верх дает,
Был Человека Льву ответ.
И я хвалиться смею,
Что я с уменьем то препятство одолею,
От коего и с силой, может быть,
Ты должен будешь отступить".
"О вашем хвастовстве устал я сказки слушать".
"Не в сказках доказать, я делом то могу;
А впрочем, ежели солгу,
То ты еще меня и после можешь скушать.

Вот посмотри: между деревьев сих
Трудов моих
Раскинуту ты видишь паутину.
Кто лучше сквозь нее из нас пройдет?
Коль хочешь, я пролезу наперед:
А там посмотрим, как и с силой в свой черед
Проскочишь ты ко мне на половину.
Ты видишь, эта сеть не каменна стена;
Малейшим ветерком колеблется она:
Однако с силою одною
Ты прямо сквозь нее едва ль пройдешь за мною".
С презрением тенета обозрев,
"Ступай туда, - сказал надменно Лев, -
Вмиг буду я к тебе дорогою прямою".
Тут мой ловец, не тратя лишних слов,
Нырнул под сеть и Льва принять готов.
Как из лука стрела, Лев вслед за ним пустился;
Но Лев поднырывать под сети не учился:
Он в сеть ударился, но сети не прошиб
Запутался (ловец тут кончил спор и дело),
Искусство силу одолело,
И бедный Лев погиб.

Лещи

В саду у барина в пруде,
В прекрасной ключевой воде,
Лещи водились.
Станицами они у берегу резвились,
И золотые дни, казалось им, катились.
Как вдруг
К ним барин напустить велел с полсотни щук.
«Помилуй!» говорит его, то слыша, друг:

«Помилуй; что́ ты затеваешь?
Какого ждать от щук добра:
Ведь не останется Лещей здесь ни пера.
Иль жадности ты щук не знаешь?» —
«Не трать своих речей»,
Боярин отвечал с улыбкою: «всё знаю;
Да только ведать я желаю,
С чего ты взял, что я охотник до Лещей?»

Лжец

Из дальних странствий возвратясь,
Какой-то дворяни́н (а может быть, и князь),

С приятелем своим пешком гуляя в поле,
Расхвастался о том, где он бывал,
И к былям небылиц без счету прилыгал.
«Нет», говорит: «что я видал,
Того уж не увижу боле.
Что́ здесь у вас за край?
То холодно, то очень жарко,
То солнце спрячется, то светит слишком ярко.
Вот там-то прямо рай!
И вспомнишь, так душе отрада!
Ни шуб, ни свеч совсем не надо:
Не знаешь век, что́ есть ночная тень,
И круглый божий год все видишь майский день.
Никто там ни садит, ни сеет:
А если б посмотрел, что́ там растет и зреет!
Вот в Риме, например, я видел огурец:
Ах, мой творец!
И по сию не вспомнюсь пору!
Поверишь ли? ну, право, был он с гору».—

«Что за диковина!» приятель отвечал:
«На свете чудеса рассеяны повсюду;
Да не везде их всякий примечал.
Мы сами, вот, теперь подходим к чуду,
Какого ты нигде, конечно, не встречал,
И я в том спорить буду.
Вон, видишь ли через реку тот мост,
Куда нам путь лежит? Он с виду хоть и прост,
А свойство чудное имеет:
Лжец ни один у нас по нем пройти не смеет:
До половины не дойдет —
Провалится и в воду упадет;
Но кто не лжет,
Ступай по нем, пожалуй, хоть в карете».—
«А какова у вас река?» —
«Да не мелка.
Так видишь ли, мой друг, чего-то нет на свете!
Хоть римский огурец велик, нет спору в том,
Ведь с гору, кажется, ты так сказал о нем?» —
«Гора хоть не гора, но, право, будет с дом». —
«Поверить трудно!
Однако ж как ни чудно,

А всё чудён и мост, по коем мы пойдем,
Что он Лжеца никак не подымает;
И нынешней еще весной
С него обрушились (весь город это знает)
Два журналиста, да портной.
Бесспорно, огурец и с дом величиной
Диковинка, коль это справедливо».—
«Ну, не такое еще диво;
Ведь надо знать, как вещи есть:
Не думай, что везде по-нашему хоромы;
Что там за домы:
В один двоим за нужду влезть,
И то ни стать, ни сесть!» —
«Пусть так, но всё признаться должно,

Что огурец не грех за диво счесть,
В котором двум усесться можно.
Однако ж, мост-ат наш каков,
Что Лгун не сделает на нем пяти шагов,
Как тотчас в воду!
Хоть римский твой и чуден огурец...» —
«Послушай-ка», тут перервал мой Лжец:
«Чем на мост нам итти, поищем лучше броду».

Лиса

Зимой, ранёхонько, близ жила,
Лиса у проруби пила в большой мороз.
Меж тем, оплошность ли, судьба ль (не в этом сила),
Но — кончик хвостика Лисица замочила,
И ко льду он примерз.
Беда не велика, легко б ее поправить:
Рвануться только посильней
И волосков хотя десятка два оставить,

Но до людей
Домой убраться поскорей.
Да как испортить хвост? А хвост такой пушистый,
Раскидистый и золотистый!
Нет, лучше подождать — ведь спит еще народ;
А между тем, авось, и оттепель придет,
Так хвост от проруби оттает.
Вот ждет-пождет, а хвост лишь боле примерзает.
Глядит — и день светает,
Народ шеве́лится, и слышны голоса.
Тут бедная моя Лиса
Туда-сюда метаться;

Но уж от проруби не может оторваться.
По счастью, Волк бежит.— «Друг милый! кум! отец!»
Кричит Лиса: «спаси! Пришел совсем конец!»
Вот кум остановился —
И в спа́сенье Лисы вступился.
Прием его был очень прост:
Он начисто отгрыз ей хвост.
Тут, без хвоста, домой моя пустилась дура.
Уж рада, что на ней цела осталась шкура.

Мне кажется, что смысл не темен басни сей.
Щепочки волосков Лиса не пожалей —
Остался б хвост у ней.

Лиса-строитель

Какой-то Лев большой охотник был до кур;
Однако ж у него они водились худо:
Да это и не чудо!
К ним доступ был свободен чересчур.
Так их то крали,
То сами куры пропадали.
Чтоб этому помочь убытку и печали,
Построить вздумал Лев большой курятный двор
И так его ухитить и уладить,
Чтобы воров совсем отвадить,
А курам было б в нем довольство и простор.
Вот Льву доносят, что Лисица
Большая строить мастерица.
И дело ей поручено,
С успехом начато и кончено оно;
Лисой к нему приложено
Все: и старанье и уменье.

Смотрели, видели; строенье - загляденье!
А сверх того, все есть, чего ни спросишь тут:
Корм под носом, везде натыкано насесток,
От холоду и жару есть приют,
И укромонные местечки для наседок.
Вся слава Лисаньке и честь!
Богатое дано ей награжденье
И тотчас повеленье:
На новоселье кур немедля перевесть.
Но есть ли польза в перемене?
Нет, кажется, и крепок двор,
И плотен и высок забор
А кур час от часу все мене.
Отколь беда, придумать не могли.
Но Лев велел стеречь. Кого ж подстерегли?
Тое ж Лису-злодейку.
Хоть правда, что она свела строенье так,
Чтобы не ворвался в него никто, никак,
Да только для себя оставила лазейку.

Лисица и виноград

Голодная кума Лиса залезла в сад;
В нем винограду кисти рделись.
У кумушки глаза и зубы разгорелись;

А кисти сочные, как яхонты горят;
Лишь то беда, висят они высоко:
Отколь и как она к ним ни зайдет,
Хоть видит око,
Да зуб неймет.
Пробившись попусту час целой,

Пошла и говорит с досадою: «Ну, что́ ж!
На взгляд-то он хорош,
Да зелен — ягодки нет зрелой:
Тотчас оскомину набьешь».

Лисица и Осел

«Отколе, умная, бредешь ты, голова?»
Лисица, встретяся с Ослом, его спросила.—
«Сейчас лишь ото Льва!
Ну, кумушка, куда его девалась сила:
Бывало, зарычит, так стонет лес кругом,
И я, без памяти, бегом,
Куда глаза глядят, от этого урода;
А ныне в старости и дряхл и хил,
Совсем без сил,
Валяется в пещере, как колода.
Поверишь ли, в зверях
Пропал к нему весь прежний страх,
И поплатился он старинными долгами!
Кто мимо Льва ни шел, всяк вымещал ему
По-своему:
Кто зубом, кто рогами...»
«Но ты коснуться Льву, конечно, не дерзнул?»
Лиса Осла перерывает.
«Вот-на!» Осел ей отвечает:
«А мне чего робеть? и я его лягнул:
Пускай ослиные копыта знает!»
Так души низкие, будь знатен, силен ты,
Не смеют на тебя поднять они и взгляды;
Но упади лишь с высоты:
От первых жди от них обиды и досады.

Лисица и сурок

"Куда так, кумушка, бежишь ты без оглядки?" -
Лисицу спрашивал Сурок.
"Ох, мой голубчик-куманек!
Терплю напраслину и выслана за взятки.
Ты знаешь, я была в курятнике судьей,
Утратила в делах здоровье и покой,
В трудах куска недоедала,
Ночей недосыпала:
И я ж за то под гнев подпала;
А все по клеветам Ну, сам подумай ты:
Кто ж будет в мире прав, коль слушать клеветы?
Мне взятки брать? да разве я взбешуся!
Ну, видывал ли ты, я на тебя пошлюся,
Чтоб этому была причастна я греху?
Подумай, вспомни хорошенько". -
"Нет, кумушка; а видывал частенько,
Что рыльце у тебя в пуху".

Листы и корни

В прекрасный летний день,
Бросая по долине тень,
Листы на дереве с зефирами[16] шептали,
Хвалились густотой, зеленостью своей
И вот как о себе зефирам толковали:
"Не правда ли, что мы краса долины всей?
Что нами дерево так пышно и кудряво,
Раскидисто и величаво?

---

[16] Зефир - легкий, теплый ветер.

Что б было в нем без нас? Ну, право,
Хвалить себя мы можем без греха!
Не мы ль от зноя пастуха
И странника в тени прохладной укрываем?
Не мы ль красивостью своей
Плясать сюда пастушек привлекаем?
У нас же раннею и позднею зарей
Насвистывает соловей.
Да вы, зефиры, сами
Почти не расстаетесь с нами".
"Примолвить[17] можно бы спасибо тут и нам",-
Им голос отвечал из-под земли смиренно.
"Кто смеет говорить столь нагло и надменно!
Вы кто такие там,
Что дерзко так считаться с нами стали?" -
Листы, по дереву шумя, залепетали.
"Мы те,-
Им снизу отвечали,-
Которые, здесь роясь в темноте,
Питаем вас. Ужель не узнаете?
Мы корни дерева, на коем вы цветете.
Красуйтесь в добрый час!
Да только помните ту разницу меж нас:
Что с новою весной лист новый народится,
А если корень иссушится,
Не станет дерева, ни вас"

Любопытный

«Приятель дорогой, здорово! Где ты был?» —
«В Кунсткамере, мой друг! Часа там три ходил;

---

[17] Примолвить - сказать, прибавить к тому, что уже сказано.

Всё видел, высмотрел; от удивленья,
Поверишь ли, не станет ни уменья
Пересказать тебе, ни сил.
Уж подлинно, что там чудес палата!
Куда на выдумки природа таровата!
Каких зверей, каких там птиц я не видал!
Какие бабочки, букашки,
10 Козявки, мушки, таракашки!
Одни, как изумруд, другие, как коралл!
Какие крохотны коровки!
Есть, право, менее булавочной головки!» —
«А видел ли слона? Каков собой на взгляд!
Я чай, подумал ты, что гору встретил?» —
«Да разве там он?» — «Там».— «Ну, братец, виноват:
Слона-то я и не приметил».

Лягушка и вол

Лягушка, на лугу увидевши Вола,
Затеяла сама в дородстве с ним сравняться:
Она завистлива была.
И ну топорщиться, пыхтеть и надуваться.
«Смотри-ка, квакушка, что, буду ль я с него?» —
Подруге говорит. «Нет, кумушка, далеко!» —
«Гляди же, как теперь раздуюсь я широко.
Ну, каково?
Пополнилась ли я?» — «Почти что ничего».—
«Ну, как теперь?» — «Все то ж». Пыхтела да пыхтела
И кончила моя затейница на том,
Что, не сравнявшися с Волом,
С натуги лопнула – и околела.

Пример такой на свете не один:
И диво ли, когда жить хочет мещанин,
Как именитый гражданин,
А сошка мелкая, как знатный дворянин.

Лягушки, просящие Царя

Лягушкам стало не угодно
Правление народно,
И показалось им совсем не благородно
Без службы и на воле жить.
Чтоб горю пособить,
То стали у богов Царя они просить.
Хоть слушать всякий вздор богам бы и не сродно.
На сей, однако ж, раз послушал их Зевес:
Дал им Царя. Летит к ним с шумом Царь с небес,
И плотно так он треснулся на царство,
Что ходенем пошло трясинно государство:
Со всех Лягушки ног
В испуге пометались,
Кто как успел, куда кто мог,
И шепотом Царю по кельям дивовались.
И подлинно, что Царь на диво был им дан:
Не суетлив, не вертопрашек,
Степенен, молчалив и важен;
Дородством, ростом великан,
Ну, посмотреть, так это чудо!
Одно в Царе лишь было худо:
Царь этот был осиновый чурбан.
Сначала, чтя его особу превысоку,
Не смеет подступить из подданных никто:
Со страхом на него глядят они, и то

Украдкой, издали, сквозь аир и осоку;
Но так как в свете чуда нет,
К которому б не пригляделся свет,
То и они сперва от страху отдохнули,
Потом к Царю подползть с преданностью дерзнули:
Сперва перед Царем ничком;
А там, кто посмелей, дай сесть к нему бочком,
Дай попытаться сесть с ним рядом;
А там, которые еще поудалей,
К Царю садятся уж и задом.
Царь терпит все по милости своей.
Немного погодя, посмотришь, кто захочет,
Тот на него и вскочит.
В три дня наскучило с таким Царем житье.
Лягушки новое челобитье,
Чтоб им Юпитер в их болотную державу
Дал подлинно Царя на славу!
Молитвам теплым их внемля,
Послал Юпитер к ним на царство Журавля,
Царь этот не чурбан, совсем иного нраву:
Не любит баловать народа своего;
Он виноватых ест: а на суде его
Нет правых никого;
Зато уж у него,
Что завтрак, что обед, что ужин, то расправа.
На жителей болот
Приходит черный год.
В Лягушках каждый день великий недочет.
С утра до вечера их Царь по царству ходит
И всякого, кого ни встретит он,
Тотчас засудит и - проглотит.
Вот пуще прежнего и кваканье и стон,
Чтоб им Юпитер снова
Пожаловал Царя инова;
Что нынешний их Царь глотает их, как мух;
Что даже им нельзя (как это ни ужасно!)
Ни носа выставить, ни квакнуть безопасно;

Что, наконец, их Царь тошнее им засух.
"Почтож вы прежде жить счастливо не умели?
Не мне ль, безумные, - вещал им с неба глас, -
Покоя не было от вас?
Не вы ли о Царе мне уши прошумели?
Вам дан был Царь? - так тот был слишком тих:
Вы взбунтовались в вашей луже,
Другой вам дан - так этот очень лих:
Живите ж с ним, чтоб не было вам хуже!"

Лягушка и Юпитер

Живущая в болоте под горой,
Лягушка на гору весной
Переселилась;
Нашла там тинистый в лощинке уголок
И завела домок
Под кустиком, в тени, меж травки, как раек:
Однако ж им она не долго веселилась.
Настало лето, с ним жары,
И дачи Квакушки так сделалися сухи,
Что, ног не замоча, по ним бродили мухи.
"О боги! - молится Лягушка из норы, -
Меня вы, бедную, не погубите
И землю вровень хоть с горою затопите,
Чтобы в моих поместьях никогда
Не высыхала бы вода!"
Лягушка вопит без умолку
И, наконец, Юпитера бранит,
Что нету в нем ни жалости, ни толку.
"Безумная! - Юпитер говорит
(Знать, не был он тогда сердит),

Как квакать попусту тебе охота!
И чем мне для твоих затей
Перетопить людей,
Не лучше ль вниз тебе стащиться до болот|

На свете много мы таких людей найдем,
Которым все, кроме себя, постыло,
И кои думают, лишь мне бы ладно было,
А там весь свет гори огнем.

Мальчик и змея

Мальчишка, думая поймать угря,
Схватил Змею и, воззри́вшись, от страха
Стал бледен, как его рубаха.
Змея, на Мальчика спокойно посмотря,
«Послушай», говорит: «коль ты умней не будешь,
То дерзость не всегда легко тебе пройдет.
На сей раз бог простит; но берегись вперед,
И знай, с кем шутишь!

Мальчик и Червяк

Не льстись предательством ты счастие сыскать!
У самых тех всегда в глазах предатель низок,
Кто при нужде его не ставит в грех ласкать;
И первый завсегда к беде предатель близок.
Крестьянина Червяк просил его пустить
В свой сад на лето погостить.

Он обещал вести себя там честно,

Не трогая плодов, листочки лишь глодать,

И то, которые уж станут увядать.

Крестьянин судит: «Как пристанища не дать?

Ужли от Червяка в саду мне будет тесно?

Пускай его себе живет.

Притом же важного убытку быть не может,

Коль он листочка два-три сгложет».

Позволил: и Червяк на дерево ползет;

Нашел под веточкой приют от непогод:

Живет без нужды, хоть не пышно,

И про него совсем не слышно.

Меж тем уж золотит плоды лучистый Царь,

Вот в самом том саду, где также спеть всё стало,

Наливное, сквозное, как янтарь,

При солнце яблоко на ветке дозревало.

Мальчишка был давно тем яблоком пленен:

Из тысячи других его заметил он:

Да доступ к яблоку мудрен.

На яблоню Мальчишка лезть не смеет,

Ее тряхнуть он силы не имеет

И, словом, яблоко достать не знает как.

Кто ж в краже Мальчику помочь взялся? Червяк.

«Послушай», говорит: «я знаю это, точно

Хозяин яблоки велел снимать;

Так это яблоко обоим нам непрочно;

Однако ж я берусь его достать,

Лишь поделись со мной. Себе ты можешь взять

Противу моего хоть вдесятеро боле;

А мне и самой малой доли

На целый станет век глодать».

Условье сделано: Мальчишка согласился;

Червяк на яблоню — и рабо́тать пустился;

Он яблоко в минуту подточил.

Но что ж в награду получил?

Лишь только яблоко упало,

И с семечками съел его Мальчишка мой;
А как за долей сполз Червяк долой,
То Мальчик Червяка расплющил под пятой:
И так ни Червяка, ни яблока не стало.

Мартышка и очки

Мартышка к старости слаба глазами стала;
А у людей она слыхала,
Что это зло еще не так большой руки:
Лишь стоит завести Очки.
Очков с полдюжины себе она достала;
Вертит Очками так и сяк:
То к темю их прижмет, то их на хвост нанижет,
То их понюхает, то их полижет;
Очки не действуют никак.
"Тьфу пропасть! - говорит она,- и тот дурак,
Кто слушает людских всех врак:
Всё про Очки лишь мне налгали;
А проку на-волос нет в них".
Мартышка тут с досады и с печали
О камень так хватила их,
Что только брызги засверкали.

К несчастью, то ж бывает у людей:
Как ни полезна вещь,- цены не зная ей,
Невежда про нее свой толк все к худу клонит;
А ежели невежда познатней,
Так он ее еще и гонит.

Медведь и пчёл

Когда-то, о весне, зверями
В надсмотрщики Медведь был выбран над ульями,
Хоть можно б выбрать тут другого поверней,
Затем что к меду Мишка падок,
Так не было б оглядок;
Да, спрашивай ты толку у зверей!
Кто к ульям ни просился,
С отказом отпустили всех,
И, как на смех,
Тут Мишка очутился.
Ан вышел грех:
Мой Мишка потаскал весь мед в свою берлогу.
Узнали, подняли тревогу,
По форме нарядили суд,
Отставку Мишке дали
И приказали,
Чтоб зиму пролежал в берлоге старый плут.
Решили, справили, скрепили;
Но меду все не воротили.
А Мишенька и ухом не ведет:
Со светом Мишка распрощался,
В берлогу теплую забрался,
И лапу с медом там сосет
Да у моря погоды ждет.

Медведь в сетях

Медведь
Попался в сеть.

Над смертью издали шути как хочешь смело:
Но смерть вблизи - совсем другое дело.
Не хочется Медведю умереть.
Не отказался бы мой Мишка и от драки,
Да весь опутан сетью он,
А на него со всех сторон
Рогатины, и ружья, и собаки:
Так драка не по нем.
Вот хочет Мишка взять умом
И говорит ловцу: "Мой друг, какой виною
Я проступился пред тобою?
За что моей ты хочешь головы?
Иль веришь клеветам напрасным на медведей
Что злы они? Ах, мы совсем не таковы!
Я, например, пошлюсь на всех соседей,
Что изо всех зверей мне только одному
Никто не сделает упрека,
Чтоб мертвого я тронул человека".
"То правда, - отвечал на то ловец ему,
Хвалю к усопшим я почтение такое;
Зато, где случай ты имел,
Живой уж от тебя не вырывался цел.
Так лучше бы ты мертвых ел
И оставлял живых в покое".

Мельник

У Мельника вода плотину прососала,
Беда б не велика сначала,
Когда бы руки приложить;
Но кстати ль? Мельник мой не думает тужить;
А течь день ото дня сильнее становится:

Вода так бьет, как из ведра.
Эй, Мельник, не зевай! Пора,
Пора тебе за ум хватиться!"
А Мельник говорит: "Далеко до беды,
Не море надо мне воды,
И ею мельница по весь мой век богата".
Он спит, а между тем
Вода бежит, как из ушата.
И вот беда, пришла совсем:
Стал жернов, мельница не служит.
Хватился Мельник мой: и охает, и тужит,
И думает, как воду уберечь.
Вот у плотины он, осматривая течь,
Увидел, что к реке пришли напиться куры.
"Негодные! - кричит, - хохлатки, дуры!
Я и без вас воды не знаю где достать;
А вы пришли ее здесь вдосталь допивать".
И в них поленом хвать.
Какое ж сделал тем себе подспорье?
Без кур и без воды пошел в свое подворье.

Видал я иногда,
Что есть такие господа
(И эта басенка им сделана в подарок),
Которым тысячей не жаль на вздор сорить,
А думают хозяйству подспорить,
Коль свечки сберегут огарок,
И рады за него с людьми поднять содом.
С такою бережью диковинка ль, что дом
Скорёшенько пойдет вверх дном?

Мешок

В прихожей на полу,
В углу,
Пустой мешок валялся.
У самых "низких слуг
Он на обтирку ног нередко помыкался;
Как вдруг
Мешок наш в честь попался
И, весь червонцами набит,
В окованном ларце в сохранности лежит,
Хозяин сам его лелеет,
И бережет Мешок он так,
Что на него никак
Ни ветер не пахнет, ни муха сесть не смеет;
А сверх того с Мешком
Весь город стал знаком.
Приятель ли к хозяину приходит:
Охотно о Мешке речь ласкову заводит;
А ежели Мешок открыт,
То всякий на него умильно так глядит;
Когда же кто к нему подсядет,
То верно уж его потреплет иль погладит.
Увидя, что у всех он стал в такой чести,
Мешок завеличался,
Заумничал, зазнался,
Мешок заговорил и начал вздор нести;
О всем и рядит он и судит:
И то не так,
И тот дурак,
И из того-то худо будет.
Все только слушают его, разинув рот;
Хоть он такую дичь несет,
Что уши вянут:
Но у людей, к несчастью, тот порок,
Что им с червонцами Мешок
Что ни скажи, всему дивиться станут.

116

Но долго ль был Мешок в чести и слыл с умом,
И долго ли его ласкала?
Пока все из него червонцы потаскали;
А там он выброшен, и слуху нет о нем.

Мы басней никого обидеть не хотели:
Но сколько есть таких Мешков
Между откупщиков,
Которы некогда в подносчиках сидели;
Иль между игроков,
Которы у себя за редкость рубль видали,
А ныне, пополам с грехом, богаты стали;
С которыми теперь и графы и князья.
Друзья;
Которые теперь с вельможей,
У коего они не смели сесть в прихожей,
Играют запросто в бостон?
Велико дело - миллион!
Однако же, друзья, вы столько не гордитесь!
Сказать ли правду вам тишком?
Не дай бог, если разоритесь:
И с вами точно так поступят; как с Мешком.

Механик

Какой-то молодец купил огромный дом,
Дом, правда, дедовский, но строенный на-славу:
И прочность, и уют, всё было в доме том,
И дом бы всем пришел ему по нраву,
Да только то беды —
Немножко далеко стоял он от воды.
«Ну, что ж», он думает: «в своем добре я властен;

Так дом мой, как он есть,
Велю машинами к реке я перевесть
 (Как видно, молодец механикой был страстен!),
Лишь сани под него подвесть,
Подрывшись наперед ему под основанье,
А там уже, изладя на катках,
Я воротом, куда хочу, всё зданье
Поставлю, будто на руках.
И что́ еще, чего не видано на свете:
Когда перевозить туда мой будут дом,
Тогда под музыкой с приятелями в нем,
Пируя за большим столом,
На новоселье я поеду, как в карете».
Пленяся глупостью такой.
И к делу приступил тотчас Механик мой.
Рабочих подрядил, под домом рылся, рылся,
Ни денег, ни забот нимало не берёг;
Однако ж дома он перетащить не мог
И только до того добился
Что дом его свалился.

Как много у людей
Затей,
Которые еще опасней и глупей!

Мирон

Жил в городе богач, по имени Мирон.
Я имя вставил здесь не с тем, чтоб стих наполнить;
Нет, этаких людей не худо имя помнить.
На богача кричат со всех сторон
Соседи; а едва ль соседи и не правы,
Что будто у него в шкатулке миллион -

А бедным никогда не даст копейки он.
Кому не хочется нажить хорошей славы?
Чтоб толкам о себе другой дать оборот,
Мирон мой распустил в народ,
Что нищих впредь кормить он будет по субботам.
И подлинно, кто ни придет к воротам
Они не заперты никак.
"Ахти! - подумают, - бедняжка разорился!"
Не бойтесь, скряга умудрился:
В субботу с цепи он спускает злых собак;
И нищему не то чтоб пить иль наедаться, -
Дай бог здоровому с двора убраться.
Меж тем Мирон пошел едва не во святых.
Все говорят: "Нельзя Мирону надивиться;
Жаль только, что собак таких он держит злых
И трудно до него добиться:
А то он рад последним поделиться".

Видать случалось часто мне,
Как доступ не легок в высокие палаты;
Да только всё собаки виноваты -
Мироны ж сами в стороне.

Мирская сходка

Какой порядок ни затей,
Но если он в руках бессовестных людей,
Они всегда найдут уловку,
Чтоб сделать там, где им захочется, сноровку.

В овечьи старосты у льва просился волк.
Стараньем кумушки-лисицы

119

Словцо о кем замолвлено у львицы.
Но так как о волках худой на свете толк,
И не сказали бы, что смотрит лев на лицы,
То велено звериный весь народ
Созвать на общий сход
И расспросить того, другого,
Что в волке доброго он знает иль худого.
Исполнен и приказ: все звери созваны.
На сходке голоса чин чином собраны:
Но против волка нет ни слова,
И волка велено в овчарню посадить.
Да что же овцы говорили?
На сходке ведь они уж, верно, были? -
Вот то-то нет! Овец-то и забыли!
А их-то бы всего нужней спросить.

Мор зверей

Лютейший бич небес, природы ужас - мор
Свирепствует в лесах. Уныли звери;
В ад распахнулись настежь двери:
Смерть рыщет по полям, по рвам, по высям гор;
Везде разметаны ее свирепства жертвы,
Неумолимая, как сено, косит их,
А те, которые в живых,
Смерть видя на носу, чуть бродят полумертвы;
Перевернул совсем их страх;
Те ж звери, да не те в великих столь бедах:
Не давит волк овец и смирен, как монах;
Мир курам дав, лиса постится в подземелье;
Им и еда на ум нейдет.
С голубкой голубь врознь живет,

Любви в помине больше нет:

А без любви какое уж веселье?

В сем горе на совет зверей сзывает Лев.

Тащатся шаг за шаг, чуть держатся в них души.

Сбрелись и в тишине, царя вокруг обсев,

Уставили глаза и приложили уши.

"О други! - начал Лев,- по множеству грехов

Подпали мы под сильный гнев богов,

Так тот из нас, кто всех виновен боле,

Пускай по доброй воле

Отдаст себя на жертву им!

Быть может, что богам мы этим угодим,

И теплое усердье нашей веры

Смягчит жестокость гнева их.

Кому не ведомо из вас, друзей моих,

Что добровольных жертв таких

Бывали многие в истории примеры?

Итак, смиря свой дух,

Пусть исповедует здесь всякий вслух,

В чем погрешил когда он вольно иль невольно.

Покаемся, мои друзья!

Ох, признаюсь - хоть это мне и больно,-

Не прав и я!

Овечек бедненьких - за что?- совсем безвинно

Дирал бесчинно;

А иногда,- кто без греха?

Случалось, драл и пастуха:

И в жертву предаюсь охотно.

Но лучше б нам сперва всем вместе перечесть

Свои грехи: на ком их боле есть,-

Того бы в жертву и принесть,

И было бы богам то более угодно".

"О царь наш, добрый царь! От лишней доброты,-

Лисица говорит,- в грех это ставишь ты.

Коль робкой совести во всем мы станем слушать,

То прийдет с голоду пропасть нам наконец;

Притом же, наш отец!

Поверь, что это честь большая для овец,
Когда ты их изволишь кушать.
А что до пастухов, мы все здесь бьем челом:
Их чаще так учить - им это поделом.
Бесхвостый этот род лишь глупой спесью дышит,
И нашими себя везде царями пишет".
Окончила Лиса; за ней на тот же лад,
Льстецы Льву то же говорят,
И всякий доказать спешит наперехват,
Что даже не в чем Льву просить и отпущенья.
За Львом Медведь, и Тигр, и Волки в свой черед
Во весь народ
Поведали свои смиренно погрешенья;
Но их безбожных самых дел
Никто и шевелить не смел.
И все, кто были тут богаты
Иль когтем, иль зубком, те вышли вон
Со всех сторон
Не только правы, чуть не святы.
В свой ряд смиренный Вол им так мычит: "И мы
Грешны. Тому лет пять, когда зимой кормы
Нам были худы.
На грех меня лукавый натолкнул:
Ни от кого себе найти не могши ссуды,
Из стога у попа я клок сенца стянул".
При сих словах поднялся шум и толки;
Кричат Медведи, Тигры, Волки:
"Смотри, злодей какой!
Чужое сено есть! Ну, диво ли, что боги
За беззаконие его к нам столько строги?
Его, бесчинника, с рогатой головой,
Его принесть богам за все его проказы,
Чтоб и тела нам спасть и нравы от заразы!
Так, по его грехам, у нас и мор такой!"
Приговорили -
И на костер Вола взвалили.
И в людях так же говорят:
Кто посмирней, так тот и виноват.

Мот и Ласточка

Какой-то молодец,
В наследство получа богатое именье,
Пустился в мотовство и при большом раденье
Спустил все чисто; наконец,
С одною шубой он остался,
И то лишь для того, что было то зимой -
Так он морозов побоялся.

Но, Ласточку увидя, малый мой
И шубу промотал. Ведь это все, чай, знают,
Что ласточки к нам прилетают
Перед весной,
Так в шубе, думал он, нет нужды никакой:
К чему в ней кутаться, когда во всей природе
К весенней клонится приятной все погоде
И в северную глушь морозы загнаны!
Догадки малого умны;
Да только он забыл пословицу в народе:
Что ласточка одна не делает весны.
И подлинно: опять отколь взялись морозы,
По снегу хрупкому скрыпят обозы,
Из труб столбами дым, в оконницах стекло
Узорами заволокло.
От стужи малого прошибли слезы,
И Ласточку свою, предтечу теплых дней,
Он видит на снегу замерзшую. Тут к ней,
Дрожа, насилу мог он вымолвить сквозь зубы:
"Проклятая! сгубила ты себя;
А понадеясь на тебя,
И я теперь не вовремя без шубы!"

Музыканты

Сосед соседа звал откушать;
Но умысел другой тут был:
Хозяин музыку любил
И заманил к себе соседа певчих слушать.
Запели молодцы: кто в лес, кто по дрова,
И у кого что силы стало.
В ушах у гостя затрещало,
И закружилась голова.
"Помилуй ты меня,- сказал он с удивленьем,
Чем любоваться тут? Твой хор
Горланит вздор!"
"То правда,- отвечал хозяин с умиленьем,
Они немножечко дерут;
Зато уж в рот хмельного не берут,
И все с прекрасным поведеньем".

А я скажу: по мне уж лучше пей,
Да дело разумей.

Муравей

Какой-то Муравей был силы непомерной,
Какой не слыхано ни в древни времена;
Он даже (говорит его историк верный)
Мог поднимать больших ячменных два зерна!
Притом и в храбрости за чудо почитался:
Где б ни завидел червяка,
Тотчас в него впивался
И даже хаживал один на паука.
А тем вошел в такую славу

Он в муравейнике своем,
Что только и речей там было, что о нем.
Я лишние хвалы считаю за отраву;
Но этот Муравей был не такого нраву:
Он их любил,
Своим их чванством мерил
И всем им верил;
А ими наконец так голову набил,
Что вздумал в город показаться,
Чтоб силой там повеличаться.
На самый крупный с сеном воз
Он к мужику спесиво всполз
И въехал в город очень пышно.
Но, ах, какой для гордости удар!
Он думал, на него сбежится весь базар,
Как на пожар;
А про него совсем не слышно:
У всякого забота там своя
Мой Муравей то, взяв листок, потянет,
То припадет он, то привстанет -
Никто не видит Муравья.
Уставши наконец тянуться, выправляться,
С досадою Барбосу он сказал,
Который у воза хозяйского лежал:
"Не правда ль, надобно признаться,
Что в городе у вас
Народ без толку и без глаз?
Возможно ль, что меня никто не примечает,
Как ни тянусь я целый час;
А кажется, у нас
Меня весь муравейник знает".
И со стыдом отправился домой.
Так думает иной
Затейник, Что он в подсолнечной[18] гремит,
А он - дивит
Свой только муравейник.

---

[18] Подсолнечная - то, что находится под светом солнца, то есть земля, мир.

Муха и дорожные

В июле, в самый зной, в полуденную пору,
Сыпучими песками, в гору,
С поклажей и с семьей дворян,
Четверкою рыдван
Тащился.
Кони измучились, и кучер как ни бился,
Пришло хоть стать. Слезает с козел он.
И, лошадей мучитель,
С лакеем в два кнута тиранит с двух сторон:
А легче нет. Ползут из колымаги вон
Боярин, барыня, их девка, сын, учитель.
Но, знать, рыдван был плотно нагружен,
Что лошади, хотя его тронули,
Но в гору по песку едва-едва тянули.
Случись тут Мухе быть. Как горю не помочь?
Вступилась: ну жужжать во всю мушину мочь;
Вокруг повозки суетится:
То над носом юлит у коренной,
То лоб укусит пристяжной,
То вместо кучера на козлы вдруг садится
Или, оставя лошадей,
И вдоль и поперек шныряет меж людей;
Ну, словно откупщик на ярмарке, хлопочет
И только плачется на то,
Что ей ни в чем никто
Никак помочь не хочет.
Гуторя слуги вздор, плетутся вслед шажком;
Учитель с барыней шушукают тишком;
Сам барин, позабыв, как он к порядку нужен,
Ушел с служанкой в бор искать грибов на ужин;,
И Муха всем жужжит, что только лишь она
О всем заботится одна.
Меж тем лошадушки, шаг за шаг, понемногу

Втащилися на ровную дорогу.
"Ну, - Муха говорит, - теперь слава богу!
Садитесь по местам, и добрый всем вам путь;
А мне уж дайте отдохнуть:
Меня насилу крылья носят".

Куда людей на свете много есть,
Которые везде хотят себя приплесть
И любят хлопотать, где их совсем не просят.

Муха и Пчела

В саду, весной, при легком ветерке,
На тонком стебельке
Качалась Муха, сидя,
И, на цветке Пчелу увидя,
Спесиво говорит: "Уж как тебе не лень
С утра до вечера трудиться целый день!
На месте бы твоем я в сутки захирела.
Вот, например, мое
Так, право, райское житье!
За мною только лишь и дела:
Лететь по балам, по гостям;
И молвить, не хвалясь, мне в городе знакомы
Вельмож и богачей все домы.
Когда б ты видела, как я пирую там!
Где только свадьба, именины,
Из первых я уж верно тут.
И ем с фарфоровых богатых блюд,
И пью из хрусталем блестящих сладки вины,
И прежде всех гостей
Беру, что вздумаю, из лакомых сластей;

Притом же, жалуя пол нежной,
Вкруг молодых красавиц вьюсь
И отдыхать у них сажусь
На щечке розовой иль шейке белоснежной".
"Все это знаю я, - ответствует Пчела. -
Но и о том дошли мне слухи,
Что никому ты не мила,
Что на пирах лишь морщатся от Мухи,
Что даже часто, где покажешься ты в дом,
Тебя гоняют со стыдом".
"Вот, - Муха говорит, - гоняют! Что ж такое?
Коль выгонят в окно, так я влечу в другое".

Мышка и криса

"Соседка, слышала ль ты добрую молву? -
Вбежавши, Крысе Мышь сказала. -
Ведь кошка, говорят, попалась в когти льву?
Вот отдохнуть и нам пора настала!"
"Не радуйся, мой свет, -
Ей Крыса говорит в ответ. -
И не надейся по-пустому!
Коль до когтей у них дойдет,
То, верно, льву не быть живому;
Сильнее кошки зверя нет!"
Я сколько раз видал, приметьте это сами:
Когда боится трус кого,
То думает, что на того
Весь свет глядит его глазами.

Мыши

"Сестрица! знаешь ли, беда!
На корабле Мышь Мыши говорила,
Ведь оказалась течь: внизу у нас вода
Чуть не хватила
До самого мне рыла.
(А правда, так она лишь лапки замочила.)
И что диковинки - наш капитан
Или с похмелья, или пьян.
Матросы все один ленивее другого;
Ну, словом, нет порядку никакого.
Сейчас кричала я во весь народ,
Что ко дну наш корабль идет:
Куда! Никто и ухом не ведет,
Как будто б ложные я распускала вести;
А ясно - только в трюм лишь стоит заглянуть,
Что кораблю часа не дотянуть.
Сестрица! неужли нам гибнуть с ними вместе!
Пойдем же, кинемся скорее с корабля;
Авось не далеко земля!"
Тут в Океан мои затейницы спрыгнули
И утонули;
А наш корабль, рукой искусною водим,
Достигнул пристани и цел и невредим.
Теперь пойдут вопросы:
А что же капитан и течь, и что матросы?
Течь слабая, и та
В минуту унята;
А остальное - клевета.

Напраслина

Как часто что-нибудь мы сделавши худого,
Кладем вину в том на другого,
И как нередко говорят:
"Когда б не он, и в ум бы мне не впало!"
А ежели людей не стало,
Так уж лукавый виноват,
Хоть тут его совсем и не бывало.
Примеров тьма тому. Вот вам из них один.
В Восточной стороне какой-то был Брамин,
Хоть на словах и теплой веры,
Но не таков своим житьем
(Есть и в Браминах лицемеры);
Да это в сторону, а дело только в том,
Что в братстве он своем
Один был правила такого,
Другие ж все житья святого,
И, что всего ему тошней,
Начальник их был нраву прекрутого:
Так преступить никак устава ты не смей.
Однако ж мой Брамин не унывает.
Вот постный день, а он смекает,
Нельзя ли разрешить на сырное тайком?
Достал яйцо, полуночи дождался
И, свечку вздувши с огоньком,
На свечке печь яйцо принялся;
Ворочает его легонько у огня,
Не сводит глаз долой и мысленно глотает,
А про начальника, смеяся, рассуждает:
"Не уличишь же ты меня,
Длиннобородый мой приятель!
Яичко съем-таки я всласть".
Ан тут тихонько шасть
К Бармину в келью надзиратель
И, видя грех такой,

130

Ответу требует он грозно.

Улика налицо и запираться поздно!

"Прости, отец святой,

Прости мое ты прегрешенье!

Так взмолится Брамин сквозь слез.

И сам не знаю я, как впал во искушенье;

Ах, наустил меня проклятый бес!"

А тут бесенок из-за печки:

"Не стыдно ли, - кричит, - всегда клепать на нас!

Я сам лишь у тебя учился сей же час

И, право, вижу в первый раз,

Как яйца пекут на свечке".

Новопожалованный Осел

Когда чины невежа ловит,

Не счастье он себе, погибель тем готовит.

Осел добился в знатный чин.

В то время во зверином роде

Чин царска спальника был <и> в знати и в моде:

И стал Осел великий господин.

Осел мой всех пренебрегает,

Вертит хвостом,

Копытами и лбом

Придворных всех толкает.

Достоинством его ослиный полон ум,

Осел о должности не тратит много дум:

Не мыслит, сколь она опасна.

Ослу достоинства даны!

На знатность мой Осел с той смотрит стороны,

С какой она прекрасна;

Он знает: ежели в чинах хотя дурак,

Ему почтеньем должен всяк.

Знать должно: ночью Лев любил ужасно сказки,
И спальник у него точил побаски.
Настала ночь, Осла ведут ко Льву в берлог;
Осел мой чует,
Что он со Львом ночует,
И сказок сказывать хотя Осел не мог,
Однако в слабости Ослу признаться стыдно.
Ложится Лев. Осел
В берлоге сел:
Ослу и то уж кажется обидно;
Однако ж терпит он.
«Скажи-тка», Лев сказал Ослу, «ты мне побаску».
Тут начал проповедь, не сказку,
Мой новый Аполлон.
«Скажи», сказал он Льву, «за что царями вы?
За то ли только, что вы — Львы?
Мне кажется, Ослы ничем других не хуже.
Кричать я мастер дюже;
Что ж до рождения, Ослы не хуже Львов:
Ослов
Гораздо род не нов;
Отец мой там-то был; мой дед был там и тамо».
И родословную свою Осел вел прямо.
Мой Лев не спал:
И родословную, и брань Осла внимал,
Осла прилежно слушал,
Потом,
Наскуча дураком,
Он встал и спальника сиятельного скушал.

Обед у Медведя

Медведь обед давал:
И созвал не одну родню свою, Медведей,
Но и других зверей-соседей,
Кто только на глаза и в мысль ему попал.
Поминки ль были то, рожденье ль, именины,
Но только праздник тот принес Медведю честь,
И было у него попить что и поесть.
Какое кушанье! Какой десерт и вины!
Медведь приметил сам,
Что гости веселы, пирушкою довольны;
А чтобы угодить и более друзьям,
Он тосты затевал и песни пел застольны;
Потом, как со стола уж начали сбирать,
Пустился танцовать.
Лиса в ладоши хлоп: "Ай, Миша, как приятен!
Как ловок в танцах он! как легок, мил и статен!"
Но Волк, сидевший рядом с ней,
Ворчал ей на ухо: "Ты врешь, кума, ей-ей!
Откуда у тебя такая блажь берется?
Ну, что тут ловкого? как ступа он толчется".
"Вздор сам ты мелешь, кум!" Лиса на то в ответ"
"Не видишь, что хвалю танцора за обед?
А если похвала в нем гордости прибавит,
То, может быть, он нас и ужинать оставит".

Обезьяна

Как хочешь ты трудись;
Но приобресть не льстись

Ни благодарности, ни; славы,
Коль нет в твоих трудах ни пользы, ни забавы.

Крестьянин на заре с сохой
Над полосой своей трудился;
Трудился так крестьянин мой,
Что градом пот с него катился;
Мужик работник был прямой.
Зато, кто мимо ни проходит,
От всех ему: спасибо, исполать!
Мартышку это в зависть вводит.
Хвалы приманчивы, - как их не пожелать!
Мартышка вздумала трудиться:
Нашла чурбан, и ну над ним возиться!
Хлопот
Мартышке полон рот:
Чурбан она то понесет,
То так, то сяк его обхватит,
То поволочет, то покатит;
Рекой с бедняжки льется пот;
И, наконец, она, пыхтя, насилу дышит:
А всё ни от кого похвал себе не слышит.
"Что ж, - говорят они, - и время нам терять?
Пойдем-ка попытаться!"
Красавицы сошли. Для дорогих гостей
Разостлано внизу премножество сетей.
Ну в них они кувыркаться, кататься,
И кутаться, и завиваться;
Кричат, визжат - веселье хоть куда!
Да вот беда,
Когда пришло из сети выдираться!
Хозяин между тем стерег
И, видя, что пора, идет к гостям с мешками.
Они, чтоб наутек,
Да уж никто распутаться не мог:
И всех их побрали руками.

Обезьяны

Когда перенимать с умом, тогда не чудо
И пользу от того сыскать;
А без ума перенимать,
И боже сохрани, как худо!
Я приведу пример тому из дальних стран.
Кто Обезьян видал, те знают,
Как жадно всё они перенимают.
Так в Африке, где много Обезьян,
Их стая целая сидела
По сучьям, по ветвям на дереве густом
И на ловца украдкою глядела,
Как по траве в сетях катался он кругом.
Подруга каждая тут тихо толк подругу,
И шепчут все друг другу:
«Смотрите-ка на удальца;
Затеям у него так, право, нет конца:
То кувыркнется,
То развернется,
То весь в комок
Он так сберется,
Что не видать ни рук, ни ног.
Уж мы ль на все не мастерицы,
А этого у нас искусства не видать!
Красавицы-сестрицы!
Не худо бы нам это перенять.
Он, кажется, себя довольно позабавил;
Авось уйдет, тогда мы тотчас…» Глядь,
Он подлинно ушел и сети им оставил.
«Что ж, — говорят они, — и время нам терять?
Пойдём-ка попытаться!»
Красавицы сошли. Для дорогих гостей
Разостлано внизу премножество сетей.
Ну в них они кувы́ркаться, кататься,
И кутаться, и завиваться;

Кричат, визжат — веселье хоть куда!
Да вот беда,
Когда пришло из сети выдираться!
Хозяин между тем стерёг
И, видя, что пора, идет к гостям с мешками.
Они, чтоб наутёк,
Да уж никто распутаться не мог:
И всех их побрали руками.

Обоз[19]

С горшками шел обоз,
И надобно с крутой горы спускаться.
Вот, на горе других оставя дожидаться,
Хозяин стал сводить легонько первый воз.
Конь добрый на крестце почти его понес,
Катиться возу не давая;
А лошадь сверху, молодая,
Ругает бедного коня за каждый шаг:
"Ай конь хваленый, то-то диво!
Смотрите: лепится, как рак;
Вот чуть не зацепил за камень; косо! криво!
Смелее! вот толчок опять.
А тут бы влево лишь принять.
Какой осел! Добро бы было в гору

[19] Басня написана во время войны 1812 года. "Конь добрый" - главнокомандующий русской армии М. И. Кутузов. Сберегая силы для решительного боя, Кутузов вел войну осторожно, отступал, заманивая врага в глубь страны, и наконец разбил и уничтожил огром-ную, считавшуюся непобедимой армию Наполеона. "Лошадь молодая" - царь Александр I и его окружение, которые не понимала планов Кутузова и были недовольны его медлительностью.

Или в ночную пору;
А то и под гору, и днем!
Смотреть, так выйдешь из терпенья!
Уж воду бы таскал, коль нет в тебе уменья!
Гляди-тко нас, как мы махнем!
Не бойсь, минуты не потратим,
И возик свой мы не свезем, а скатим!"
Тут, выгнувши хребет и понатужа грудь,
Тронулася лошадка с возом в путь;
Но, только под гору она перевалилась,
Воз начал напирать, телега раскатилась:
Коня толкает взад, коня кидает вбок;
Пустился конь со всех четырех ног
На славу;
По камням, рытвинам пошли толчки,
Скачки,
Левей, левей, и с возом - бух в канаву!
Прощай, хозяйские горшки!
Как в людях многие имеют слабость ту же:
Все кажется в другом ошибкой нам;
А примешься за дело сам,
Так напроказишь вдвое хуже.

Овцы и Собаки

В каком-то стаде у Овец,
Чтоб Волки не могли их более тревожить,
Положено число Собак умножить.
Что ж? Развелось их столько, наконец,
Что Овцы от Волков, то правда, уцелели,
Но и Собакам над
Сперва с Овечек сняли шерсть,

А там, по жеребью, с них шкурки полетели,
А там осталося всего Овец пять-шесть,
И тех Собаки съели.

Огородник и Философ

Весной в своих грядах так рылся Огородник,
Как будто бы хотел он вырыть клад:
Мужик ретивый был работник,
И дюж, и свеж на взгляд;
Под огурцы одни он взрыл с полсотни гряд.
Двор обо двор с ним жил охотник
До огородов и садов,
Великий краснобай, названный друг природы,
Недоученный Филосо́ф,
Который лишь из книг болтал про огороды.
Однако ж, за своим он вздумал сам ходить
И тоже огурцы садить;
А между тем смеялся так соседу:
«Сосед, как хочешь ты потей,
А я с работою моей
Далеко от тебя уеду,
И огород твой при моем
Казаться будет пустырем.
Да, правду говорить, я и тому дивился,
Что огородишко твой кое-как идет.
Как ты еще не разорился?
Ты, чай, ведь никаким наукам не учился?»
«И некогда», соседа был ответ.
«Прилежность, навык, руки:
Вот все мои тут и науки;

Мне бог и с ними хлеб дает».—

«Невежа! восставать против наук ты смеешь?» —

«Нет, барин, не толкуй моих так криво слов:

Коль ты что́ путное затеешь,

Я перенять всегда готов».—

«А вот, увидишь ты, лишь лета б нам дождаться...» —

«Но, барин, не пора ль за дело приниматься?

Уж я кой-что посеял, посадил;

А ты и гряд еще не взрыл».—

«Да, я не взрыл, за недосугом:

Я всё читал

И вычитал,

Чем лучше: заступом их взрыть, сохой иль плугом.

Но время еще не уйдет».—

«Как вас, а нас оно не очень ждет»,

Последний отвечал,— и тут же с ним расстался,

Взяв заступ свой;

А Филосо́ф пошел домой.

Читал, выписывал, справлялся,

И в книгах рылся и в грядах,

С утра до вечера в трудах.

Едва с одной работой сладит,

Чуть на грядах лишь что взойдет.

В журналах новость он найдет —

Всё перероет, пересадит

На новый лад и образец.

Какой же вылился конец?

У Огородника взошло всё и поспело:

Он с прибылью, и в шляпе дело;

А Филосо́ф —

Без огурцов.

Осел

Когда вселенную Юпитер населял
И заводил различных тварей племя,
То и Осел тогда на свет попал.
Но с умыслу ль, или, имея дел беремя,
В такое хлопотливо время
Тучегонитель оплошал:
А вылился Осел почти как белка мал.
Осла никто почти не примечал,
Хоть в спеси никому Осел не уступал.
Ослу хотелось бы повеличаться,
Но чем? имея рост такой,
И в свете стыдно показаться.
Пристал к Юпитеру Осел спесивый мой
И росту стал просить большого.
"Помилуй, - говорит, - как можно это снесть?
Львам, барсам и слонам везде такая честь;
Притом, с великого и до меньшого,
Всё речь о них лишь да о них;
За что ж к Ослам ты столько лих,
Что им честей нет никаких,
И об Ослах никто ни слова?
А если б ростом я с теленка только был,
То спеси бы со львов и с барсов я посбил,
И весь бы свет о мне заговорил".
Что день, то снова
Осел мой то ж Зевесу пел;
И до того он надоел,
Что, наконец, моления Ослова
Послушался Зевес.
И стал Осел скотиной превеликой;
А сверх того ему такой дан голос дикой,
Что мой ушастый Геркулес
Пораспугал было весь лес.

"Что то за зверь? какого роду?
Чай, он зубаст; рогов, чай, нет числа?"
Ну только и речей пошло, что про Осла.
Но чем все кончилось? Не минуло и году,
Как все узнали, кто Осел:
Осел мой глупостью в пословицу вошел.
И на Осле уж возят воду.

В породе и в чинах высокость хороша:
Но что в ней прибыли, когда низка душа?

Осел

Был у Крестьянина Осел.
И так себя, казалось, смирно вел,
Что мужику нельзя им было нахвалиться;
А чтобы он в лесу пропасть не мог -
На шею прицепил мужик ему звонок.
Надулся мой Осел: стал важничать, гордиться
(Про ордена, конечно, он слыхал),
И думает, теперь большой он барин стал;
Но вышел новый чин Ослу, бедняжке, соком
(То может не одним Ослам служить уроком).
Сказать вам должно наперед:
В Осле не много чести было;
Но до звонка ему все счастливо сходило:
Зайдет ли в рожь, в овес иль в огород,

Наестся до сыта и выйдет тихомолком.
Теперь пошло иным все толком:
Куда ни сунется мой знатный господин,
Без умолку звенит на шее новый чин.

Глядят: хозяин, взяв дубину,
Гоняет то со ржи, то с гряд мою скотину;
А там сосед, в овсе услыша звук звонка,
Ослу колом ворочает бока.
Ну, так что бедный наш вельможа
До осени зачах,
И кости у Осла остались лишь да кожа.
И у людей в чинах
С плутами та ж беда: пока чин мал и беден,
То плут не так еще приметен;
Но важный чин на плуте, как звонок:
Звук от него и громок и далек.

Осел и Заяц

Осёл не птица,
Он не горазд летать,
Однако ж для него не в первый раз хвастАть,
Мычать
И род зверей всех уверять,
Что молодец и он летать,
Что он под облака взовьется, как синица
Или царица
Орлица.
А Заяц тут: "Ну, ну-тка, полети!"
"Ах, ты косой трусиха! -
Осёл рычит. - Летаю, как орлиха.
Но не хочу!" - "Пожалуй, захоти!"
Так мудро Заяц отвечает,
Осёл бежит, скакает,
И в яму - хлоп!
Не суйся в ризы, коль не поп!

Осел и Мужик

Мужик на лето в огород
Наняв Осла, приставил
Ворон и воробьев гонять нахальный род.
Осел был самых честных правил:
Ни с хищностью, ни с кражей незнаком,
Не поживился он хозяйским ни листком
И птицам, грех сказать, чтобы давал потачку;
Но Мужику барыш был с огорода плох.
Осел, гоняя птиц, со всех ослиных ног,
По всем грядам и вдоль и поперек
Такую поднял скачку,
Что в огороде все примял и притоптал.
Увидя тут, что труд его пропал,
Крестьянин на спине ослиной
Убыток выместил дубиной.
"И ништо! - все кричат, - скотине поделом!
С его ль умом
За это дело браться?"

А я скажу, не с тем, чтоб за Осла вступаться;
Он, точно, виноват (с ним сделан и расчет),
Но, кажется, не прав и тот,
Кто поручил Ослу стеречь свой огород.

Осёл и соловей

Осел увидел Соловья
И говорит ему: "Послушай-ка, дружище!
Ты, сказывают, петь великий мастерище.

Хотел бы очень я
Сам посудить, твое услышав пенье,
Велико ль подлинно твое уменье?"
Тут Соловей являть свое искусство стал:
Защелкал, засвистал
На тысячу ладов, тянул, переливался;
То нежно он ослабевал
И томной вдалеке свирелью отдавался,
То мелкой дробью вдруг по роще рассыпался.
Внимало все тогда
Любимцу и певцу Авроры[20]:
Затихли ветерки, замолкли птичек хоры,
И прилегли стада.
Чуть-чуть дыша, пастух им любовался
И только иногда,
Внимая Соловью, пастушке улыбался
Скончал певец. Осел, уставясь в землю лбом;
"Изрядно, — говорит, — сказать неложно,
Тебя без скуки слушать можно;
А жаль, что незнаком
Ты с нашим петухом;
Еще б ты боле навострился,
Когда бы у него немножко поучился".
Услыша суд такой, мой бедный Соловей
Вспорхнул и — полетел за тридевять полей.
Избави, Бог, и нас от этаких судей.

Оракул

В каком-то капище был деревянный бог,
И стал он говорить пророчески ответы

---

[20] Аврора - богиня утренней зари у древних римлян.

И мудрые давать советы.
За то, от головы до ног
Обвешан и сребром и златом,
Стоял в наряде пребогатом,
Завален жертвами, мольбами заглушен
И фимиамом задушен.
В Оракула все верят слепо;
Как вдруг, - о чудо, о позор! -
Заговорил Оракул вздор:
Стал отвечать нескладно и нелепо;
И кто к нему зачем ни подойдет,
Оракул наш что молвит, то соврет;
Ну так, что всякий дивовался,
Куда пророческий в нем дар девался!
А дело в том,
Что идол был пустой и саживались в нем
Жрецы вещать мирянам.
И так,
Пока был умный жрец, кумир не путал врак;
А как засел в него дурак,
То идол стал болван болваном.
Я слышал - правда ль? - будто встарь
Судей таких видали,
Которые весьма умны бывали,
Пока у них был умный секретарь.

Орел и Крот

Не презирай совета ничьего,
Но прежде рассмотри его.
Со стороны прибыв далекой
В дремучий лес, Орел с Орлицею вдвоем

Задумали навек остаться в нем
И, выбравши ветвистый дуб высокой,
Гнездо себе в его вершине стали вить,
Надеясь и детей тут вывести на лето.
Услыша Крот про это,
Орлу взял смелость доложить,
Что этот дуб для их жилища не годится,
Что весь почти он в корне сгнил
И скоро, может быть, свалится,
Так чтоб Орел гнезда на нем не вил.
Но кстати ли Орлу принять совет из норки,
И от Крота! А где же похвала,
Что у Орла
Глаза так зорки?
И что за стать Кротам мешаться сметь в дела
Царь-птицы!
Так многого с Кротом не говоря,
К работе поскорей, советчика презря, -
И новоселье у царя
Поспело скоро для царицы.
Все счастливо: уж есть и дети у Орлицы.
Но что ж? - Однажды, как зарей,
Орел из-под небес к семье своей
С богатым завтраком с охоты торопился,
Он видит: дуб его свалился
И подавило им Орлицу и детей.
От горести невзвидя свету:
"Несчастный! - он сказал, -
За гордость рок меня так люто наказал,
Что не послушался я умного совету.
Но можно ль было ожидать,
Чтобы ничтожный Крот совет мог добрый дать?"
"Когда бы ты не презрел мною,
Из норки Крот сказал, - то вспомнил бы, что рою
Свои я норы под землей
И что, случаясь близ корней,
Здорово ль дерево, я знать могу верней"

Орел и Куры

Желая светлым днем вполне налюбоваться.
Орел поднебесью летал
И там гулял,
Где молнии родятся.
Спустившись, наконец, из облачных вышин,
Царь-птица отдыхать садится на овин.
Хоть это для Орла насесток незавидный,
Но у Царей свои причуды есть:
Быть может, он хотел овину сделать честь,
Иль не было вблизи, ему по чину сесть,
Ни дуба, ни скалы гранитной;
Не знаю, что за мысль, но только что Орел
Немного посидел
И тут же на другой овин перелетел.
Увидя то, хохлатая наседка
Толкует так с своей кумой:
"За что Орлы в чести такой?
Неужли за полет, голубушка-соседка?
Ну, право, если захочу,
С овина на овин и я перелечу.
Не будем же вперед такие дуры,
Чтоб почитать Орлов знатнее нас.
Не больше нашего у них ни ног, ни глаз;
Да ты же видела сейчас,
Что по низу они летают так, как куры".
Орел ответствует, наскуча вздором тем:
"Ты права, только не совсем.
Орлам случается и ниже кур спускаться:
Но курам никогда до облак не подняться!"

Когда таланты судишь ты,
Считать их слабости трудов не трать напрасно,
Но, чувствуя, что в них и сильно, и прекрасно,
Умей различны их постигнуть высоты.

Орел и паук

За облака Орел
На верх Кавказских гор поднялся;
На кедре там столетнем сел
И зримым под собой пространством любовался.
Казалось, что оттоль он видел край земли:
Там реки по степям излучисто текли;
Здесь рощи и луга цвели
Во всем весеннем их уборе;
А там сердитое Каспийско море,
Как ворона крыло, чернелося вдали.
"Хвала тебе, Зевес, что, управляя светом,
Ты рассудил меня снабдить таким полетом,
Что неприступной я не знаю высоты,
Орел к Юпитеру взывает,
И что смотрю оттоль на мира красоты,
Куда никто не залетает".
"Какой же ты хвастун, как погляжу!
Паук ему тут с ветки отвечает,
Да ниже ль я тебя, товарищ, здесь сижу?"
Орел глядит: и подлинно, Паук,
Над самым им раскинув сеть вокруг,
На веточке хлопочет,
И, кажется, Орлу заткать он солнце хочет.
"Ты как на этой высоте?
Спросил Орел, и те,
Которые полет отважнейший имеют,
Не все сюда пускаться смеют;
А ты без крыл и слаб; неужли ты дополз?"
"Нет, я б на это не решился".
"Да как же здесь ты очутился?"
"Да я к тебе же прицепился,
И снизу на хвосте ты сам меня занес:
Но здесь и без тебя умею я держаться;
И так передо мной прошу не величаться;

И знай, что я..." Тут вихрь, отколе ни возьмись,
И сдунул Паука опять на самый низ.

Как вам, а мне так кажутся похожи
На этаких нередко Пауков
Те, кои без ума и даже без трудов,
Тащатся вверх, держась за хвост вельможи;
А надувают грудь,
Как будто б силою их бог снабдил орлиной:
Хоть стоит ветру лишь пахнуть,
Чтоб их унесть и с паутиной.

Орёл и пчела

Счастлив, кто на чреде трудится знаменитой:
Ему и то уж силы придает,
Что подвигов его свидетель целый свет.
Но сколь и тот почтен, кто, в низости сокрытый,
За все труды, за весь потерянный покой
Ни славою, ни почестьми не льстится,
И мыслью оживлен одной:
Что к пользе общей он трудится.

Увидя, как Пчела хлопочет вкруг цветка,
Сказал Орел однажды ей с презреньем:
"Как ты, бедняжка, мне жалка,
Со всей твоей работой и с уменьем!
Вас в улье тысячи все лето лепят сот:
Да кто же после разберет
И отличит твои работы?
Я, право, не пойму охоты:
Трудиться целый век и что ж иметь в виду?..

Безвестной умереть со всеми наряду!

Какая разница меж нами!

Когда, расширяся шумящими крылами,

Ношуся я под облаками,

То всюду рассеваю страх:

Не смеют от земли пернатые подняться,

Не дремлют пастухи при тучных их стадах;

Ни лани быстрые не смеют на полях,

Меня завидя, показаться".

Пчела ответствует: "Тебе хвала и честь!

Да продлит над тобой Зевес[21] свои щедроты!

А я, родясь труды для общей пользы несть,

Не отличать ищу свои работы,

Но утешаюсь тем, на наши смотря соты,

Что в них и моего хоть капля меду есть".

Откупщик и Сапожник

Богатый Откупщик в хоромах пышных жил,

Ел сладко, вкусно пил;

По всякий день давал пиры, банкеты,

Сокровищ у него нет сметы.

В дому сластей и вин, чего ни пожелай:

Всего с избытком, через край.

И, словом, кажется, в его хоромах рай.

Одним лишь Откупщик страдает,

Что он не досыпает.

Уж божьего ль боится он суда,

Иль, просто, трусит разориться:

Да только всё ему не крепко как-то спится.

---

[21] Зевес, или Зевс, - по верованиям древних греков, бог неба и повелитель всех других богов.

А сверх того, хоть иногда
Он вздремлет на заре, так новая беда:
Бог дал ему певца, соседа.
С ним из окна в окно жил в хижине бедняк
Сапожник, но такой певун и весельчак,
Что с утренней зари и до обеда,
С обеда до́-ночи безумолку поет
И богачу заснуть никак он не дает.
Как быть, и как с соседом сладить,
Чтоб от пенья́ его отвадить?
Велеть молчать: так власти нет;
Просил: так просьба не берет.
Придумал, наконец, и за соседом шлет.
Пришел сосед.
«Приятель дорогой, здорово!» —
«Челом вам бьем за ласковое слово». —
«Ну, что́, брат, каково делишки, Клим, идут?»
(В ком нужда, уж того мы знаем, как зовут.) —
«Делишки, барин? Да, не худо!» —
«Так от того-то ты так весел, так поешь?
Ты, стало, счастливо живешь?» —
«На бога грех роптать, и что ж за чудо?
Работою завален я всегда;
Хозяйка у меня добра и молода:
А с доброю женой, кто этого не знает,
Живется как-то веселей». —
«И деньги есть?» — «Ну, нет, хоть лишних не бывает,
Зато нет лишних и затей». —
«Итак, мой друг, ты быть богаче не желаешь?» —
«Я этого не говорю;
Хоть бога и за то, что́ есть, благодарю;
Но сам ты, барин, знаешь,
Что человек, пока живет,
Всё хочет более: таков уж здешний свет.
Я чай, ведь и тебе твоих сокровищ мало;
И мне бы быть богатей не мешало». —
«Ты дело говоришь, дружок:

Хоть при богатстве нам есть также неприятства.
Хоть говорят, что бедность не порок,
Но всё уж коль терпеть, так лучше от богатства.
Возьми же: вот тебе рублевиков мешок:
Ты мне за правду полюбился.
Поди: дай бог, чтоб ты с моей руки разжился.
Смотри, лишь промотать сих денег не моги,
И к ну́жде их ты береги!
Пять сот рублей тут верным счетом.
Прощай!» Сапожник мой,
Схватя мешок, скорей домой
Не бе́гом, лётом;
Примчал гостинец под полой;
И той же ночи в подземелье
Зарыл мешок — и с ним свое веселье!
Не только песен нет, куда девался сон
(Узнал бессонницу и он!);
Всё подозрительно, и всё его тревожит:
Чуть ночью кошка заскребет,
Ему уж кажется, что вор к нему идет:
Похолодеет весь, и ухо он приложит.
Ну, словом, жизнь пошла, хоть кинуться в реку.
Сапожник бился, бился
И наконец за ум хватился:
Бежит с мешком к Откупщику
И говорит: «Спасибо на приятстве;
Вот твой мешок, возьми его назад:
Я до него не знал, как худо спят.
Живи ты при своем богатстве:
А мне, за песни и за сон,
Не надобен ни миллион».

Охотник

Как часто говорят в делах: еще успею,
Но надобно признаться в том,
Что это говорят, спросяся не с умом,
А с леностью своею.
Итак, коль дело есть, скорей его кончай,
Иль после на себя ропщи, не на случай,
Когда оно тебя застанет невзначай.
На это басню вам скажу я, как умею.

Охотник, взяв ружье, патронницу, суму
И друга верного по нраву и обычью,
Гектора, в лес пошел за дичью,
Не зарядя ружья, хоть был совет ему,
Чтоб зарядил ружье он дома.
"Вот вздор! - он говорит, - дорога мне знакома,
На ней ни воробья не видел я родясь;
До места ж ходу целый час,
Так зарядить еще успею я сто раз".
Но что ж? Лишь вон из жила
(Как будто бы над ним Фортуна подшутила),
По озерку
Гуляют утки целым стадом;
И нашему б тогда Стрелку
Легко с полдюжины одним зарядом
Убить
И на неделю с хлебом быть,
Когда б не отложил ружья он зарядить.
Теперь к заряду он скорее; только утки
На это чутки:
Пока с ружьем возился он,
Они вскричали, встрепенулись,
Взвились и за леса веревкой потянулись,
А там из виду скрылись вон.
Напрасно по лесу Стрелок потом таскался,

Ни даже воробей ему не попадался;
А тут к беде еще беда;
Случись тогда
Ненастье.
И так Охотник мой,
Измокши весь, пришел домой
С пустой сумой;
А все-таки пенял не на себя, на счастье.

Павлин и соловей

Невежда в физике, а в музыке знаток,
Услышал соловья, поющего на ветке,
И хочется ему иметь такого в клетке.
Приехав в городок,
Он говорит: «Хотя я птицы той не знаю
И не видал,
Которой пением я мысли восхищал,
Которую иметь я столь желаю,
Но в птичьем здесь ряду,
Конечно, много птиц найду».
Наполнясь мыслию такою.
Чтоб выбрать птиц на взгляд,
Пришел боярин мой во птичий ряд
С набитым кошельком, с пустою головою.
Павлина видит он и видит соловья,
И говорит купцу: «Не ошибаюсь я,
Вот мной желанная прелестная певица!
Нарядной бывши толь, нельзя ей худо петь;
Купец, мой друг! скажи, что стоит эта птица?»
Купец ему в ответ:
«От птицы сей, сударь, хороших песней нет;
Возьмите соловья, седяща близ павлина,

Когда вам надобно хорошего певца».
Немало то дивит невежду господина,
И, быть бояся он обманут от купца,
Прекрасна соловья негодной птицей числит
И мыслит:
«Та птица перьями и телом так мала.
Не можно, чтоб она певицею была»,
Купив павлина, он покупкой веселится
И мыслит пением павлина насладиться.
Летит домой
И гостье сей отвел решетчатый покой;
А гостийка ему за выборы в награду
Пропела кошкою разов десяток сряду.
Мяуканьем своим невежде давши знать,
Что глупо голоса по перьям выбирать.

Подобно, как и сей боярин, заключая,
Различность разумов пристрастно различая,
Не редко жалуем того мы в дураки,
Кто платьем не богат, не пышен волосами;
Кто не обнизан вкруг перстнями и часами
И злата у кого не полны сундуки.

Парнас

Когда из Греции вон выгнали богов
И по мирянам их делить поместья стали,
Кому-то и Парнас тогда отмежевали;
Хозяин новый стал пасти на нем Ослов,
Ослы, не знаю как-то знали,
Что прежде Музы тут живали,
И говорят: "Недаром нас

Пригнали на Парнас:
Знать, Музы свету надоели,
И хочет он, чтоб мы здесь пели".
"Смотрите же, - кричит один, - не унывай!
Я затяну, а вы не отставай!
Друзья, робеть не надо!
Прославим наше стадо
И громче девяти сестер
Подымем музыку и свой составим хор!
А чтобы нашего не сбили с толку братства,
То заведем такой порядок мы у нас:
Коль нет в чьем голосе ослиного приятства,
Не принимать тех на Парнас".
Одобрили Ослы ослово
Красно-хитро-сплетенно слово:
И новый хор певцов такую дичь занес,
Как будто тронулся обоз,
В котором тысяча немазаных колес.
Но чем окончилось разно-красиво пенье?
Хозяин, потеряв терпенье,
Их всех загнал с Парнаса в хлев.
Мне хочется, невеждам не во гнев,
Весьма старинное напомнить мненье:
Что если голова пуста,
То голове ума не придадут места.

Пастух

У Саввы, Пастуха (он барских пас овец),
Вдруг убывать овечки стали.
Наш молодец
В кручине и печали:
Всем плачется и распускает толк,

Что страшный показался волк,
Что начал он овец таскать из стада
И беспощадно их дерет.
"И не диковина, - твердит народ,
Какая от волков овцам пощада!"
Вот волка стали стеречи.
Но отчего ж у Саввушки в печи
То щи с бараниной, то бок бараний с кашей?
(Из поваренок, за грехи,
В деревню он был сослан в пастухи:
Так кухня у него немножко схожа с нашей.)
За волком поиски; клянет его весь свет;
Обшарили весь лес, - а волка следу нет.
Друзья! Пустой ваш труд: на волка только слава,
А ест овец то Савва.

Пастух и Море

Пастух в Нептуновом соседстве близко жил:
На взморье, хижины уютной обитатель,
Он стада малого был мирный обладатель
И век спокойно проводил.
Не знал он пышности, зато не знал и горя,
И долго участью своей
Довольней, может быть, он многих был царей.
Но, видя всякий раз, как с Моря
Сокровища несут горами корабли,
Как выгружаются богатые товары
И ломятся от них анбары,
И как хозяева их в пышности цвели,
Пастух на то прельстился;
Распродал стадо, дом, товаров накупил,
Сел на корабль и за Море пустился.

Однако же поход его не долог был;
Обманчивость, Морям природну,
Он скоро испытал: лишь берег вон из глаз,
Как буря поднялась;
Корабль разбит, пошли товары ко дну,
И он насилу спасся сам.
Теперь опять благодаря Морям
Пошел он в пастухи, лишь с разницею тою,
Что прежде пас овец своих,
Теперь пасет овец чужих
Из платы. С нуждою, однако ж, хоть большою,
Чего не сделаешь терпеньем и трудом?
Не спив того, не съев другова,
Скопил деньжонок он, завелся стадом снова
И стал опять своих овечек пастухом.
Вот некогда, на берегу морском,
При стаде он своем
В день ясный сидя
И видя,
Что на Море едва колышется вода
(Так Море присмирело)
И плавно с пристани бегут по ней суда:
"Мой друг! - сказал, - опять ты денег захотело,
Но ежели моих - пустое дело!
Ищи кого иного ты провесть,
От нас тебе была уж честь.
Посмотрим, как других заманишь,
А от меня вперед копейки не достанешь".

Баснь эту лишним я почел бы толковать;
Но как здесь к слову не сказать,
Что лучше верного держаться,
Чем за обманчивой надеждою гоняться?
Найдется тысячу несчастных от нее
На одного, кто не был ей обманут,
А мне, что говорить ни станут,
Я буду все твердить свое:
Что впереди - бог весть; а что мое - мое!

Паук и Гром

Перед окном
Был дом,
Ударил гром,
И со стены Паук
Вдруг стук,
Упал, лежит,
Разинул рот, оскалил зубы
И шепотом сквозь губы
Вот что кричит:
"Когда б ослом
Я создан был Зевесом,
Ходил бы лесом,
Меня бы гром,
Тряся окном
И дом,
С стены не мог стряхнуть".

Нас чаще с высоты стараются сопхнуть.

Паук и Пчела

По мне таланты те негодны,
В которых Свету пользы нет,
Хоть иногда им и дивится Свет.

Купец на ярмарку привез полотны;
Они такой товар, что надобно для всех.
Купцу на торг пожаловаться грех:
Покупщиков отбою нет; у лавки

Доходит иногда до давки.

Увидя, что товар так ходко идет с рук,

Завистливый Паук

На барыши купца прельстился;

Задумал на продажу ткать,

Купца затеял подорвать

И лавочку открыть в окошке сам решился.

Основу основал, проткал насквозь всю ночь,

Поставил свой товар на диво,

Засел, надувшися, спесиво,

От лавки не отходит прочь

И думает: лишь только день настанет,

То всех покупщиков к себе он переманит.

Вот день настал: но что ж? Проказника метлой

Смели и с лавочкой долой.

Паук мой бесится с досады.

"Вот, - говорит, - жди праведной награды!

На весь я свет пошлюсь, чье тонее тканье:

Купцово иль мое?"

"Твое: кто в этом спорить смеет?

Пчела ответствует. - Известно то давно;

Да что в нем проку, коль оно

Не одевает и не греет?"

Пестрые Овцы

Лев пестрых невзлюбил овец.

Их просто бы ему перевести не трудно;

Но это было бы неправосудно -

Он не на то в лесах носил венец,

Чтоб подданных душить, но им давать расправу;

А видеть пеструю овцу терпенья нет!

Как сбыть их и сберечь свою на свете славу?

И вот к себе зовет

Медведя он с Лисою на совет

И им за тайну открывает,

Что видя пеструю овцу, он всякий раз

Глазами целый день страдает

Я что придет ему совсем лишиться глаз,

И, как такой беде помочь, совсем не знает.

"Всесильный Лев! - сказал, насупяся, Медведь, -

На что тут много разговоров?

Вели без дальних сборов

Овец передушить. Кому о них жалеть?"

Лиса, увидевши, что Лев нахмурил брови,

Смиренно говорит: "О царь! наш добрый царь!

Ты, верно, запретишь гнать эту бедну тварь

И не прольешь невинной крови.

Осмелюсь я совет иной произнести:

Дай повеленье ты луга им отвести,

Где б был обильный корм для маток

Я где бы поскакать, побегать для ягняток;

А так как в пастухах у нас здесь недостаток,

То прикажи овец волкам пасти.

Не знаю, как-то мне сдается,

Что род их сам собой переведется.

А между тем пускай блаженствуют оне;

И что б ни сделалось, ты будешь в стороне".

Лисицы мнение в совете силу взяло

И так удачно в ход пошло, что, наконец,

Не только пестрых там овец -

И гладких стало мало.

Какие ж у зверей пошли на это толки?

Что Лев бы и хорош, да все злодеи волки.

Петух и жемчужное зерно

Навозну кучу разрывая,
Петух нашел Жемчужное зерно
И говорит: "Куда оно?
Какая вещь пустая!
Не глупо ль, что его высоко так ценят?
А я бы право, был гораздо боле рад
Зерну Ячменному: оно не столь хоть видно,
Да сытно".

Невежи судят точно так:
В чем толку не поймут, то всё у них пустяк.

Пир

В голодный год, чтобы утешить мир,
Затеял Лев богатый пир.
Разосланы гонцы и скороходы,
Зовут гостей:
Зверей
И малой и большой породы.
На зов со всех сторон стекаются ко Льву.
Как отказать такому зову?
Пир дело доброе и не в голодны годы.
Вот приплелись туда ж Сурок, Лиса и Крот,
Да только часом опоздали
И за столом гостей застали.
У кумушки Лисы хлопот
На ту беду случился полон рот;
Сурок проходился, промылся,

А Крот с дороги сбился.

Однако ж натощак никто домой нейдет,

И, место подле Льва увидевши пустое.

Все на него хотят продраться трое.

"Послушайте, друзья! - сказал им Барс, -

То место широко, да только не про вас,

Тут придет Слон и вас сойти заставит,

Иль хуже: вас он передавит.

И так,

Когда не хочется домой вам натощак,

Так оставайтесь у порогу:

Вы сыты будете и это слава богу.

Места не ваши впереди:

Их берегут зверям лишь крупного покроя;

А кто из мелочи не хочет кушать стоя,

Тот дома у себя сиди".

Письмо о пользе желаний

Наскуча век желаньями терзаться,

Препятством чтя их к благу моему,

Сжал сердце я и волю дал уму,

Чтобы от них навеки отвязаться.

Все суета — так пишет Соломон;

Хоть ныне мы ученей древних стали,

Но и они не всё же вздор болтали,—

Так думал я, едва не прав ли он.

Все суета, все вещи точно равны —

Желанье лишь им цену наддает

Иль их в число дурных вещей кладет,

Хотя одни других не боле славны.

Чем худ кремень? чем дорог так алмаз?
Коль скажут мне, что он блестит для глаз —
Блестит и лед не менее подчас.
Так скажут мне: поскольку вещи редки,
Постольку им и цены будут едки.
Опять не то — здесь римска грязь редка;
Она лишь к нам на их медалях входит;
Но ей никто торговли не заводит,
И римска грязь — как наша грязь, гадка.
Редка их грязь, но римские антики
Не по грязи ценою так велики;
Так, стало, есть оценщик тут другой; —
Желанье? Да, оно — не кто иной,
И, верьте мне, оценщик предурной.
Ему-то мы привыкнув слепо верить,
Привыкли всё его аршином мерить;
Оно-то свет на свой рисует лад;
Оно-то есть томящий сердце яд.

На эту мысль попав, как на булавку,
Желаньям всем я тотчас дал отставку.
Казалося, во мне остыла кровь:
Прощай чины, и слава, и любовь.
Пленясь моих высоких дум покроем,
Все вещи я своим поставил строем
И мыслил так: все счастья вдалеке
Пленяют нас; вблизи всё скоро скучит;
Так все равно (не ясно ль это учит?),
Что быть в венце, что просто в колпаке;
Что быть творцом прекрасной Энеиды,
От нежных муз почтенье заслужить,
Князей, царей и царства пережить;
Что быть писцом прежалкой героиды,
Иль, сократя высоких дум расход,
Писать слегка про свой лишь обиход;
Что на полях трофеи славы ставить,
С Румянцевым, с Каменским там греметь,

Отнять язык у зависти уметь,
И ненависть хвалить себя заставить;
Что, обуздав военный, пылкий дух,
Щадя людей, бить, дома сидя, мух.

Пускай же свет вертится так, как хочет;
Пускай один из славы век хлопочет,
Другой, копя с червонцами мешки,
На ордена, на знать не пяля глаза,
Одним куском быть хочет сыт два раза
И прячет рай за крепкие замки:
Все это — вздор, мечтанье, пустяки!

Не лучше ли своих нам нужд не множить,
Спокойно жить и света не тревожить?
Чем мене нужд, тем мене зла придет;
Чем мене нужд, тем будет счастья боле;
А нужды все желанье нам дает:
Так, стало, зла умалить в нашей воле.
Так точно! ключ от рая я сыскал,
Сказал — и вдруг желать я перестал.
Противник чувств, лишь разуму послушен,
Ко всем вещам стал хладен, равнодушен;
Не стало нужд; утихли страсти вдруг;
Надежда, мой старинный, верный друг,
В груди моей себе не видя дела,
Другим сулить утехи полетела;
Обнявшись с ней, ушли улыбки вслед
И кровь моя преобратилась в лед.
Все скучно мне и все постыло стало;
Ничто во мне желанья не рождало.
Без горести, без скуки я терял;
Без радости я вновь приобретал;
Равно встречал потери и успехи;
Оставили меня и грусть и смехи;
Из глаз вещей пропали дурноты,
Но с ними их пропали красоты

165

И, тени снять желая прочь с картины,
Оставил я бездушный вид холстины.
Или, ясней,— принявши за закон,
Что в старину говаривал Зенон,
Не к счастию в палаты я ворвался,
Не рай вкусил, но заживо скончался
И с трех зарей не чувствовать устал.
«Нет, нет!— вскричат,— он точно рай сыскал —
И, что чудней, на небо не взлетая».
А я скажу, что это мысль пустая.
Коль это рай, так смело я стою,
Что мы в аду, а камни все в раю.

Нет, нет, не то нам надобно блаженство;
С желанием на свет мы рождены.
На что же ум и чувства нам даны?
Уметь желать — вот счастья совершенство!
К тому ль дан слух, чтобы глухими быть?
На то ль язык, чтоб вечно быть немыми?
На то ль глаза, чтобы не видеть ими?
На то ль сердца, чтоб ими не любить?
Умей желать и доставай прилежно:
С трудом всегда приятней приобресть;
Умей труды недаром ты понесть —
Дурачество желать лишь безнадежно.
Препятство злом напрасно мы зовем;
Цена вещей для нас лишь только в нем:
Препятством в нас желанье возрастает;
Препятством вещь сильней для нас блистает.
Нет счастья нам, коль нет к нему помех;
Не будет скук, не будет и утех.
Не тот счастлив, кто счастьем обладает:
Счастлив лишь тот, кто счастья ожидает.

Послушайте, я этот рай узнал;
Я камнем стал и три дни не желал;
Но целый век подобного покою
Я не сравню с минутою одною,

Когда мне, сквозь несчастья мрачных туч,
Блистал в глаза надежды лестный луч,
Когда, любя прекрасную Анюту,
Меж страхами и меж надежды жил.
Ах, если б льзя, я б веком заплатил
Надежды сей не год, не час — минуту!

Прочь, школами прославленный покой,
Природы враг и смерти брат родной,
Из сердца вон — и жди меня во гробе!
Проснитесь вновь, желанья, вы во мне!
Явись при них скорей надежда мила!
Так — только в вас и важность вся и сила:
Блаженство дать вы можете одне.

Пусть мудрецы системы счастья пишут:
Все мысли их лишь гордостию дышут.
На что сердцам пустой давать закон,
Коль темен им и бесполезен он?
Системы их не выучишь в три века;
Они ведут к бесплодным лишь трудам.
А я, друзья, скажу короче вам:
Желать и ждать — вот счастье человека.

Пловец и Море

На берег выброшен кипящею волной,
Пловец с усталости в сон крепкий погрузился;
Потом, проснувшися, он Море клясть пустился.
"Ты, - говорит, - всему виной!
Своей лукавой тишиной
Маня к себе, ты нас прельщаешь

И, заманя, нас в безднах поглощаешь".
Тут Море, на себя взяв Амфитриды вид,
Пловцу явяся, говорит:
"На что винишь меня напрасно!
Плыть по водам моим ни страшно, ни опасно;
Когда ж свирепствуют морские глубины,
Виной тому одни Эоловы сыны:
Они мне не дают покою.
Когда не веришь мне, то испытай собою:
Как ветры будут спать, отправь ты корабли.
Я неподвижнее тогда земли".

И я скажу - совет хорош, не ложно;
Да плыть на парусах без ветру невозможно.

Подагра и Паук

Подагру с Пауком сам ад на свет родил:
Слух этот Лафонтен по свету распустил.
Не стану я за ним вывешивать и мерить,
Насколько правды тут, и как и почему;
Притом же, кажется, ему,
Зажмурясь, в баснях можно верить.
И, стало, нет сомненья в том,
Что адом рождены Подагра с Пауком.
Как выросли они и подоспело время
Пристроить деток к должностям
(Для доброго отца большие дети - бремя,
Пока они не по местам!),
То, отпуская в мир их к нам,
Сказал родитель им: "Подите
Вы детушки, на свет и землю разделите!

168

Надежда в вас большая есть,

Что оба вы мою поддержите там честь,

И оба людям вы равно надоедите.

Смотрите же: отселе наперед,

Кто что из вас в удел себе возьмет

Вон, видите ль вы пышные чертоги?'

А там вон хижины убоги?

В одних простор, довольство, красота;

В других и теснота,

И труд, и нищета".

"Мне хижин ни за что не надо",

Сказал Паук. "А мне не надобно палат,

Подагра говорит. - Пусть в них живет мой брат.

В деревне, от аптек подале, жить я рада;

А то меня там станут доктора

Гонять из каждого богатого двора".

Так смолвясь, брат с сестрой пошли, явились в мире.

В великолепнейшей квартире

Паук владение себе отмежевал:

По штофам пышным, расцвеченным

И по карнизам золоченым

Он паутину разостлал

И мух бы вдоволь нахватал;

Но к рассвету едва с работою убрался,

Пришел и щеткою все смел слуга долой.

Паук мой терпелив: он к печке перебрался,

Оттоле Паука метлой.

Туда, сюда Паук, бедняжка мой!

Но где основу ни натянет,

Иль щетка, иль крыло везде его достанет

И всю работу изорвет,

А с нею и его частехонько сметет.

Паук в отчаянье, и за город идет

Увидеться с сестрицей.

"Чай, в селах, - говорит, - живет она царицей".

Пришел а бедная сестра у мужика

Несчастней всякого на свете Паука:
Хозяин с ней и сено косит,
И рубит с ней дрова, и воду с нею носит.
Примета у простых людей,
Что чем подагру мучишь боле,
Тем ты скорей
Избавишься от ней.
"Нет, братец, - говорит она, - не жизнь мне в поле!"
А брат
Тому и рад;
Он тут же с ней уделом обменялся:
Вполз в избу к мужику, с товаром разобрался
И, не боясь ни щетки, ни метлы,
Заткал и потолок, и стены, и углы.
Подагра же тотчас в дорогу,
Простилася с селом;
В столицу прибыла и в самый пышный дом
К Превосходительству седому села в ногу.
Подагре рай! Пошло житье у старика:
Не сходит с ним она долой с пуховика.
С тех пор с сестрою брат уж боле не видался;
Всяк при своем у них остался,
Доволен участью равно:
Паук по хижинам пустился неопрятным,
Подагра же пошла по богачам и знатным;
И оба делают умно.

Подсвечник и Огарок

Не знаю я, в каком суде,
При ком, когда и где
Но столько дел судьи скопили,
Что наконец решилися окончить те дела.

Судьи, засевши вкруг стола,
Гораздо ночи захватили,
Однако наконец разъехались они,
Остались на столе подсвечники одни.
И что ж? Подсвечник тут один развеличался
И так огарку говорит,
Который в нем еще горит:
"Ну что ты здесь, вонючка, растрещался?
Смотри, как ты навоевал,
Вить потолку весь лак ты ободрал.
Уплелся б ты, да догорал в передней". -
"Не знаю я, как ты сюда попал,
Однако я в суде здесь не последний, -
Огарок отвечал. -
Ведь судьям нужен ты всего для украшенья,
Но пользы от того в делах, как ото пня.
<А> я свечу, и без меня
Сегодня не было <б> ни одного решенья".

Пожар и Алмаз

Из малой искры став пожаром,
Огонь, в стремленье яром,
По зданьям разлился в глухой полночный час.
При общей той тревоге
Потерянный Алмаз
Едва сквозь пыль мелькал, валяясь по дороге.
"Как ты, со всей своей игрой, -
Сказал Огонь, - ничтожен предо мной!
И сколь навычное потребно зренье,
Чтоб различить тебя при малом отдаленье,
Или с простым стеклом, иль с каплею воды,

Когда в них луч иль мой, иль солнечный играет!
Уж я не говорю, что всё тебе беды,
Что на тебя ни попадает:
Безделка ленты лоскуток;
Как часто блеск твой затмевает,
Вокруг тебя один обвившись, волосок!
Не так легко затмить мое сиянье,
Когда я, в ярости моей,
Охватываю зданье.
Смотри, как все усилия людей
Против себя я презираю;
Как с треском все, что встречу, пожираю -
И зарево мое, играя в облаках,
Окрестностям наводит страх!"
"Хоть против твоего мой блеск и беден, -
Алмаз ответствует, - но я безвреден:
Не укорит меня никто ничьей бедой,
И луч досаден мой
Лишь зависти одной;
А ты блестишь лишь тем, что разрушаешь:
Зато, всей силой съединясь,
Смотри, как рвутся все, чтоб ты скорей погас.
И чем ты яростней пылаешь,
Тем ближе, может быть, к концу".
Тут силой всей народ тушить Пожар принялся;
Наутро дым один и смрад по нем остался.
Алмаз же вскоре отыскался
И лучшею красой стал царскому венцу.

Плотичка

Хоть я и не пророк,
Но, видя мотылька, что он вкруг свечки вьется,
Пророчество почти всегда мне удается:
Что крылышки сожжет мой мотылек.
Вот, милый друг, тебе сравненье и урок:
Он и для взрослого хорош и для ребенка.
Ужли вся басня тут? - ты спросишь; погоди,
Нет, это только побасенка,
А басня будет впереди,
И к ней я наперед скажу нравоученье.
Вот вижу новое в глазах твоих сомненье:
Сначала краткости, теперь уж ты
Боишься длинноты.
Что ж делать, милый друг: возьми терпенье!
Я сам того ж боюсь.
Но как же быть? Теперь я старе становлюсь:
Погода к осени дождливей,
А люди к старости болтливей.
Но чтобы дела мне не выпустить из глаз,
То выслушай: слыхал я много раз,
Что легкие проступки ставя в малость,
В них извинить себя хотят
И говорят:
За что винить тут? это шалость;
Но эта шалость нам к паденью первый шаг:
Она становится привычкой, после - страстью
И, увлекая нас в порок с гигантской властью,
Нам не дает опомниться никак.
Чтобы тебе живей представить,
Как на себя надеянность вредна,
Позволь мне басенкой себя ты позабавить;
Теперь из-под пера сама идет она
И может с пользою тебя наставить.

Не помню у какой реки,
Злодеи царства водяного,
Приют имели рыбаки.
В воде, поблизости у берега крутого,
Плотичка резвая жила.

Проворна и притом лукава,
Не боязливого была Плотичка нрава:
Вкруг удочек она вертелась, как юла,
И часто с ней рыбак свой промысл клял с досады.
Когда за пожданье он, в чаянье награды,
Закинет уду, глаз не сводит с поплавка;
Вот, думает, взяла! в нем сердце встрепенется;
Взмахнет он удой: глядь, крючок без червяка;
Плутовка, кажется, над рыбаком смеется,
Сорвет приманку, увернется
И, хоть ты что, обманет рыбака.
"Послушай, - говорит другая ей Плотица, -
Не сдобровать тебе, сестрица!
Иль мало места здесь в воде,
Что ты всегда вкруг удочек вертишься?
Боюсь я: скоро ты с рекой у нас простишься.
Чем ближе к удочкам, тем ближе и к беде.
Сегодня удалось, а завтра - кто порука?"
Но глупым, что глухим разумные слова.
"Вот, - говорит моя Плотва, -
Ведь я не близорука!
Хоть хитры рыбаки, но страх пустой ты брось:
Я вижу хитрость их насквозь.
Вот видишь уду! Вон закинута другая!
Ах вот еще, еще! Смотри же, дорогая,
Как хитрецов я проведу!" -
И к удочкам стрелой пустилась:
Рванула с той, с другой, на третьей зацепилась,
И, ах, попалася в беду!
Тут поздно, бедная, узнала,
Что лучше бы бежать опасности сначала.

174

Послание о пользе страстей

Почто, мой друг, кричишь ты так на страсти
И ставишь их виной всех наших зол?
Поверь, что нам не сделают напасти
Любовь, вино, гульба и вкусный стол.
Пусть мудрецы, нахмуря смуры брови,
Журят весь мир, кладут посты на всех,
Бранят вино, улыбку ставят в грех
И бунт хотят поднять против любови.
Они страстей не знают всей цены;
Они вещам дать силы не умеют;
Хотя твердят, что вещи все равны,
Но воду пьют, а пива пить не смеют.
По их словам, полезен ум один:
Против него все вещи в мире низки;
Он должен быть наш полный властелин;
Ему лишь в честь венцы и обелиски.
Он кажет нам премудрые пути:
Спать нажестке, не морщась пить из лужи,
Не преть в жары, не мерзнуть век от стужи,
И словом: быть бесплотным во плоти,
Чтоб, навсегда расставшись с заблужденьем,
Презря сей мир, питаться — рассужденьем.
Но что в уме на свете без страстей?—
Природа здесь для нас, ее гостей,
В садах своих стол пышный, вкусный ставит,
Для нас в земле сребро и злато плавит,
А мудрость нам, нахмуря бровь, поет,
Что здесь во всем для наших душ отрава,
Что наши все лишь в том здесь только права,
Чтоб нам на всё смотреть разинув рот.
На что ж так мир богат и разновиден?
И для того ль везде природа льет
Обилие, чтоб только делать вред?—

Величеству ее сей суд обиден.
Поверь, мой друг, весь этот мудрый шум
Между людей с досады сделал ум.
И если б мы ему дались на волю,
Терпели бы с зверями равну долю;
Не смели бы возвесть на небо взор,
Питались бы кореньями сырыми,
Ходили бы нагими и босыми
И жили бы внутри глубоких нор.

Какие мы ни видим перемены
В художествах, в науках, в ремеслах,
Всему виной корысть, любовь иль страх,
А не запачканы, бесстрастны Диогены.

На что б вино и ткани дальних стран?
На что бы нам огромные палаты,
Коль были бы, мой друг, мы все Сократы?
На что бы плыть за грозный океан,
Торговлею соединять народы?
А если бы не плыть нам через воды,
С Уранией на что б знакомство нам?
К чему бы нам служили все науки?
Ужли на то, чтоб жить, поджавши руки,
Как встарь живал наш праотец Адам?
Под деревом в шалашике убогом
С праматерью не пекся он о многом.
Виньол ему не строивал палат,
Он под ноги не стлал ковров персидских,
Ни жемчугов не нашивал бурмитских,
Не иссекал он яшму иль агат
На пышные кубки для вин превкусных;
Не знал он резьб, альфресков, позолот
И по стенам не выставлял работ
Рафаэлов и Рубенсов искусных.
Восточных он не нашивал парчей;
Когда к нему ночь темна приходила,

Свечами он не заменял светила,
Не превращал в дни ясные ночей.
Обедывал он просто, без приборов,
И не едал с фаянсов иль фарфоров.
Когда из туч осенний дождь ливал,
Под кожами зуб об зуб он стучал
И, щуряся на пасмурность природы,
Пережидал конца дурной погоды,
Иль в ближний лес за легким тростником
Ходил нагой и верно босиком;
Потом, расклав хворостнику беремя,
Он сиживал с женой у огонька
И проводил свое на свете время
В шалашике не лучше калмыка.
Все для него равно на свете было,
Ничто его на свете не манило;
Так что ж его на свете веселило?

А все-таки золотят этот век,
Когда труды природы даром брали,
Когда ее вещам цены не знали,
Когда, как скот, так пасся человек.
Поверь же мне, поверь, мой друг любезный,
Что наш златой, а тот был век железный,
И что тогда лишь люди стали жить,
Когда стал ум страстям людей служить.
Тогда пути небесны нам открылись,
Художества, науки водворились;
Тогда корысть пустилась за моря
И в ней весь мир избрал себе царя.
Тщеславие родило Александров,
Гальенов страх, насмешливость Менандров;
Среди морей явились корабли;
Среди полей — богатыри-полканы;
Там башни вдруг, как будто великаны,
Встряхнулися и встали из земли,
Чтоб вдаль блистать верхами золотыми.

Рассталися с зверями люди злыми,
И нужды, в них роями разродясь,
Со прихотьми умножили их связь;
Солдату стал во брани нужен кесарь,
Больному врач, скупому добрый слесарь.
Страсть к роскоши связала крепче мир.
С востока к нам — шелк, яхонты, рубины,
С полудня шлют сыры, закуски, вины,
Сибирь дает меха, агат, порфир,
Китай — чаи, Левант нам кофе ставит;
Там сахару гора, чрез океан
В Европу мчась, валы седые давит.

Искусников со всех мы кличем стран.
Упомнишь ли их всех, моя ты муза?
Хотим ли есть?— Дай повара француза,
Британца дай нам школить лошадей;
Женился ли, и бог дает детей,
Им в нянюшки мы ищем англичанку;
Для оперы поставь нам итальянку;
Джонсон — обуй, Дюфо — всчеши нам лоб,
Умрем, и тут — дай немца сделать гроб.

Различных стран изделия везутся,
Меняются, дарятся, продаются;
Край света плыть за ними нужды нет!
Я вкруг себя зрю вкратце целый свет.
Тут легка шаль персидска взор пленяет
И белу грудь от ветра охраняет;
Там английской кареты щегольской
Чуть слышен стук, летя по мостовой.
Все движется, и все живет меной,
В которой нам указчик первый страсти.
Где ни взгляну, торговлю вижу я;
Дальнейшие знакомятся края;
Знакомщик их — причуды, роскошь, сласти.
Ты скажешь мне: «Но редкие умы?»

Постой! Возьмем людей великих мы;
Что было их душою? Алчность славы
И страсть, чтоб их делам весь ахал мир.
Там с музами божественный Омир,
Гораций там для шуток и забавы,
Там Апеллес вливает душу в холст,
Там Пракситель одушевляет камень,
Который был нескладен, груб и толст,
А он резцом зажег в нем жизни пламень.
Чтоб приобресть внимание людей,
На трех струнах поет богов Орфей,
А Диоген нагой садится в кадку —
Не деньги им, так слава дорога,
Но попусту не делать ни шага
Одну и ту ж имеют все повадку.
У мудрецов возьми лишь славу прочь,
Скажи, что их покроет вечна ночь,
Умолкнут все Платоны, Аристоты,
И в школах вмиг затворятся вороты.
Но страсти им движение дают:
Держася их, в храм славы все идут,
Держася их, людей нередко мучат,
Держася их, добру их много учат.
Чтоб заключить в коротких мне словах,
Вот что, мой друг, скажу я о страстях:
Они ведут — науки к совершенству,
Глупца ко злу, философа к блаженству.
Хорош сей мир, хорош; но без страстей
Он кораблю б был равен без снастей.

Похороны

В Египте в старину велось обыкновенье,
Когда кого хотят пышнее хоронить,
Наемных плакальщиц пускать за гробом выть.
Вот некогда на знатном погребенье -
Толпа сих плакальщиц, поднявши вой,
Покойника от жизни скоротечной
В дом провожала вечной
На упокой.
Тут странник, думая, что в горести сердечной
То рвется вся покойника родня,
"Скажите, - говорит, - не рады ли б вы были,
Когда б его вам воскресили?
Я Маг; на это есть возможность у меня:
Мы заклинания с собой такие носим
Покойник оживет сейчас".
"Отец! - вскричали все, - обрадуй бедных нас!
Одной лишь милости притом мы просим,
Чтоб суток через пять
Он умер бы опять.
В живом в нем не было здесь проку никакова,
Да вряд ли будет и вперед;
А как умрет,
То выть по нем наймут нас, верно, сновав,
Есть много богачей, которых смерть одна
К чему-нибудь годна.

Прихожанин

Есть люди: будь лишь им приятель,
То первый ты у них и гений и писатель,

180

Зато уже другой,
Как хочешь сладко пой,
Не только, чтоб от них похвал себе дождаться,
В нем красоты они и чувствовать боятся.
Хоть, может быть, я тем немного досажу,
Но вместо басни быль на это им скажу.

Во храме проповедник
(Он в красноречии Платона был наследник)
Прихожан поучал на добрые дела.
Речь сладкая, как мед, из уст его текла.
В ней правда чистая, казалось, без искусства.
Как цепью золотой,
Возъемля к небесам все помыслы и чувства,
Сей обличала мир, исполненный тщетой.
Душ пастырь кончил поученье;
Но всяк ему еще внимал и, до небес
Восхищенный, в сердечном умиленье
Не чувствовал своих текущих слез.
Когда ж из божьего миряне вышли дому,
"Какой приятный дар!
Из слушателей тут сказал один другому, -
Какая сладость, жар!
Как сильно он влечет к добру сердца народа!
А у тебя, сосед, знать, черствая природа,
Что на тебе слезинки не видать?
Иль ты не понимал?" - "Ну, как не понимать!
Да плакать мне какая стать:
Ведь я не здешнего прихода".

Пруд и Река

"Что это, - говорил Реке соседний Пруд, -
Как на тебя ни взглянешь,
А воды всё твои текут!
Неужли таки ты, сестрица, не устанешь?
Притом же, вижу я почти всегда,
То с грузом тяжкие суда,
То долговязые плоты ты носишь,
Уж я не говорю про лодки, челноки:
Им счету нет! Когда такую жизнь ты бросишь?
Я, право, высох бы с тоски.
В сравнении с твоим, как жребий мой приятен!
Конечно, я не знатен,
По карте не тянусь я через целый лист,
Мне не бренчит похвал какой-нибудь гуслист:
Да это, право, все пустое!
Зато я в илистых и мягких берегах,
Как барыня в пуховиках,
Лежу и в неге, и в покое;
Не только что судов
Или плотов
Мне здесь не для чего страшиться;
Не знаю даже я, каков тяжел челнок;
И много, ежели случится,
Что по воде моей чуть зыблется листок",
Когда его ко мне забросит ветерок.
Что беззаботную заменит жизнь такую?
За ветрами со всех сторон,
Не движась, я смотрю на суету мирскую
И философствую сквозь сон".
"А, философствуя, ты помнишь ли закон? -
Река на это отвечает, -
Что свежесть лишь вода движеньем сохраняет?
И если стала я великою рекой,
Так это оттого, что, кинувши покой,

Последую сему уставу.
Зато по всякий год
Обилием и чистотою вод
И пользу приношу, и в честь вхожу и в славу,
И буду, может быть, еще я веки течь,
Когда уже тебя не будет и в помине
И о тебе совсем исчезнет речь".
Слова ее сбылись: она течет поныне;
А бедный Пруд год от году все глох,
Заволочен весь тиною глубокой,
Зацвел, зарос осокой
И, наконец, совсем иссох.
Так дарование без пользы свету вянет,
Слабея всякий день,
Когда им овладеет лень
И оживлять его деятельность не станет.

Прохожие и Собаки

Шли два приятеля вечернею порой
И дельный разговор вели между собой,
Как вдруг из подворотни
Дворняжка тявкнула на них;
За ней другая, там еще две-три, и вмиг
Со всех дворов Собак сбежалося с полсотни.
Один было уже Прохожий камень взял.
"И, полно, братец! - тут другой ему сказал, -
Собак ты не уймешь от лаю,
Лишь пуще всю раздразнишь стаю;
Пойдем вперед: я их натуру лучше знаю".
И подлинно, прошли шагов десятков пять,
Собаки начали помалу затихать,
И стало, наконец, совсем их не слыхать.

Завистники, на что ни взглянут,
Подымут вечно лай;
А ты себе своей дорогою ступай:
Полают, да отстанут.

Пустынник и Медведь

Хотя услуга нам при ну́жде дорога́,
Но за нее не всяк умеет взяться:
Не дай бог с дураком связаться!
Услужливый дурак опаснее врага.

Жил некто человек безродный, одинакой,
Вдали от города, в глуши.
Про жизнь пустынную, как сладко ни пиши,
А в одиночестве способен жить не всякой:
Утешно нам и грусть, и радость разделить.
Мне скажут: «А лужок, а темная дуброва,
Пригорки, ручейки и мурава шелкова?» —
«Прекрасны, что и говорить!
А всё прискучится, как не с кем молвить слова».
Так и Пустыннику тому
Соскучилось быть вечно одному.
Идет он в лес толкнуться у соседей,
Чтоб с кем-нибудь знакомство свесть.
В лесу кого набресть,
Кроме волков или медведей?
И точно, встретился с большим Медведем он,
Но делать нечего: снимает шляпу
И милому соседушке поклон.
Сосед ему протягивает лапу,
И, слово-за-слово, знакомятся они,

Потом дружатся,
Потом не могут уж расстаться
И целые проводят вместе дни.
О чем у них, и что бывало разговору,
Иль присказок, иль шуточек каких,
И как беседа шла у них,
Я по сию не знаю пору.
Пустынник был не говорлив;
Мишук с природы молчалив:
Так из избы не вынесено сору.
Но как бы ни было, Пустынник очень рад,
Что дал ему бог в друге клад.
Везде за Мишей он, без Мишеньки тошнится,
И Мишенькой не может нахвалиться.
Однажды вздумалось друзьям
В день жаркий побродить по рощам, по лугам,
И по долам, и по горам;
А так как человек медведя послабее,
То и Пустынник наш скорее,
Чем Мишенька, устал
И отставать от друга стал.

То видя, говорит, как путный, Мишка другу:
«Приляг-ка, брат, и отдохни,
Да коли хочешь, так сосни;
А я постерегу тебя здесь у досугу».
Пустынник был сговорчив: лег, зевнул,
Да тотчас и заснул.
А Мишка на часах — да он и не без дела:
У друга на нос муха села:
Он друга обмахнул;
Взглянул,
А муха на щеке; согнал, а муха снова
У друга на носу,
И неотвязчивей час-от-часу.
Вот Мишенька, не говоря ни слова,
Увесистый булыжник в лапы сгреб,

Присел на корточки, не переводит духу,
Сам думает: «Молчи ж, уж я тебя, воструху!»
И, у друга на лбу подкарауля муху,
Что силы есть — хвать друга камнем в лоб!
Удар так ловок был, что череп врознь раздался,
И Мишин друг лежать надолго там остался!

Пушки и паруса

На корабле у Пушек с Парусами
Восстала страшная вражда.
Вот Пушки, выставясь из портов[22] вон носами,
Роптали так пред небесами:
"О боги! видано ль когда,
Чтобы ничтожное холстинное творенье
Равняться в пользах нам имело дерзновенье?
Что делают они во весь наш трудный путь?
Лишь только ветер станет дуть,
Они, надув спесиво грудь,
Как будто важного какого сану,
Несутся гоголем по Океану
И только чванятся; а мы - громим в боях!
Не нами ль царствует корабль наш на морях?
Не мы ль несем с собой повсюду смерть и страх?
Нет, не хотим жить боле с Парусами;
Со всеми мы без них управимся и сами,
Лети же, помоги, могущий нам Борей[23],
И изорви в клочки их поскорей!"
Борей послушался - летит, дохнул, и вскоре
Насупилось и почернело море;

---

[22] Порт - здесь: отверстие в борту судна для пушечных стволов.
[23] Борей - северо-восточный ветер.

Покрылись тучею тяжелой небеса;

Валы вздымаются и рушатся, как горы;

Гром оглушает слух; слепит блеск молнии взоры,

Борей ревет и рвет в лоскутья Паруса,

Не стало их, утихла непогода;

Но что ж? Корабль без Парусов

Игрушкой стал и ветров и валов,

И носится он в море, как колода;

А в первой встрече со врагам,

Который вдоль его всем бортом страшно грянул,

Корабль мой недвижим: стал скоро решетом,

И с Пушками, как ключ, он ко дну канул.

Держава всякая сильна,

Когда устроены в ней все премудро части:

Оружием - врагам она грозна,

А паруса - гражданские в ней власти.

Пчела и Мухи

Две Мухи собрались лететь в чужие краи

И стали подзывать с собой туда Пчелу:

Им насказали попугаи

О дальних сторонах большую похвалу.

Притом же им самим казалося обидно,

Что их, на родине своей,

Везде гоняют из гостей;

И даже до чего (как людям то не стыдно,

И что они за чудаки!):

Чтоб поживиться им не дать сластями

За пышными столами,

Придумали от них стеклянны колпаки;

А в хижинах на них злодеи-пауки.

"Путь добрый вам, - Пчела на это отвечала, -
А мне
И на моей приятно стороне.
От всех за соты я любовь себе сыскала -
От поселян и до вельмож.
Но вы летите.
Куда хотите!
Везде вам будет счастье то ж:
Не будете, друзья, нигде, не быв полезны,
Вы ни почтенны, ни любезны.
А рады пауки лишь будут вам
И там".

Кто с пользою отечеству трудится,
Тот с ним легко не разлучится;
А кто полезным быть способности лишен,
Чужая сторона тому всегда приятна:
Не бывши гражданин, там мене презрен он,
И никому его там праздность не досадна.

Разбойник и извозчик

В кустарнике залегши у дороги,
Разбойник под вечер добычи нажидал,
И, как медведь голодный из берлоги,
Угрюмо даль он озирал.
Посмотрит, грузный воз катит, как вал.
«О, го!— Разбойник мой тут шепчет;— знать, с товаром
На ярмарку; чай все сукно, камки, парчи.
Кручина, не зевай — тут будет на харчи:
Не пропадет сегодня день мой даром».
Меж тем подъехал воз; кричит Разбойник: «Стой!»—

И на Извозчика бросается с дубиной.
Да лих; схватился он не с олухом-детиной:
Извозчик — малый-удалой;
Злодея встретил мостовиной,
Стал за добро свое горой,
И моему герою
Пришлося брать поживу с бою —
И долог и жесток был бой на этот раз.
Разбойник с дюжины зубов не досчитался,
Да перешиблена рука, да выбит глаз;
Но победителем однакож он остался:
Убил Извозчика злодей.
Убил — и к добыче скорей.
Что ж он завоевал?— Воз целый пузыре

Как много из пустого
На свете делают преступного и злого.

Разборчивая невеста

Невеста-девушка смышляла жениха;
Тут нет еще греха,
Да вот что грех: она была спесива.
Сыщи ей жениха, чтоб был хорош, умен,
И в лентах, и в чести, и молод был бы он
(Красавица была немножко прихотлива):
Ну, чтобы все имел - кто ж может все иметь?
Еще и то заметь,
Чтобы любить ее, а ревновать не сметь.
Хоть чудно, только так была она счастлива,
Что женихи, как на отбор,
Презнатые катили к ней на двор.

Но в выборе ее и вкус и мысли тонки:
Такие женихи другим невестам клад,
А ей они на взгляд
Не женихи, а женишонки!
Ну, как ей выбирать из этих женихов?
Тот не в чинах, другой без орденов;
А тот бы и в чинах, да жаль, карманы пусты;
То нос широк, то брови густы;
Тут этак, там не так;
Ну, не придет никто по мысли ей никак.
Посмолкли женихи, годка два перепали;
Другие новых свах заслали:
Да только женихи середней уж руки.
"Какие простаки!-
Твердит красавица,- по них ли я невеста?
Ну, право, их затеи не у места!
И не таких я женихов
С двора с поклоном проводила;
Пойду ль я за кого из этих чудаков?
Как будто б я себя замужством торопила;
Мне жизнь девическа ничуть не тяжела:
День весела, и ночь я, право, сплю спокойно:
Так замуж кинуться ничуть мне не пристойно".
Толпа и эта уплыла.
Потом, отказы слыша те же,
Уж стали женихи навертываться реже.
Проходит год,
Никто нейдет;
Еще минул годок, еще уплыл год целой:
К ней свах никто не шлет.
Вот наша девушка уж стала девой зрелой.
Зачнет считать своих подруг
(А ей считать большой досуг):
Та замужем давно, другую сговорили;
Ее как будто позабыли.
Закралась грусть в красавицыну грудь.
Посмотришь: зеркало докладывать ей стало,

Что каждый день, а что-нибудь
Из прелестей ее лихое время крало.
Сперва румянца нет; там живости в глазах;
Умильны ямочки пропали на щеках;
Веселость, резвости как будто ускользнули;
Там волоска два-три седые проглянули:
Беда со всех сторон!
Бывало, без нее собранье не прелестно;
От пленников ее вкруг ней бывало тесно:
А ныне, ах! ее зовут уж на бостон!
Вот тут спесивица переменяет тон.
Рассудок ей велит замужством торопиться:
Перестает она гордиться.
Как косо на мужчин девица ни глядит,
А сердце ей за нас всегда свое твердит.
Чтоб в одиночестве не кончить веку,
Красавица, пока совсем не отцвела,
За первого, кто к ней присватался, пошла:
И рада, рада уж была,
Что вышла за калеку.

Раздел

Имея общий дом и общую контору,
Какие-то честн_ы_е торгаши
Наторговали денег гору;
Окончили торги и делят барыши.
Но в дележе когда без спору?
Заводят шум они за деньги, за товар,
Как вдруг кричат, что в доме их пожар.
"Скорей, скорей спасайте
Товары вы и дом!"

Кричит один из них: "Ступайте,
А счеты после мы сведем!"
"Мне только тысячу мою сперва додайте, -
Шумит другой, -
Я с места не сойду долой".
"Мне две не додано, а вот тут счеты ясны", -
Еще один кричит. "Нет, нет, мы не согласны!
Да как, за что, и почему!"
Забывши, что пожар в дому,
Проказники тут до того шумели,
Что захватило их в дыму,
И все они со всем добром своим сгорели.
В делах, которые гораздо поважней,
Нередко от того погибель всем бывает,
Что чем бы общую беду встречать дружней.
Всяк споры затевает
О выгоде своей.

Родины

Вчерась приятеля в кручине я застал,
По комнате, вспотев, он бегал и страдал.
Мял руки, пальцы грыз, таращил кверху взоры.
Я мыслил, что его покрали воры,
Спросил: в каких он хлопотах?
А он с досадою сказал, что он в родах,
Немало удивлен таким ответом,
Я о приятеле тужил
И заключил,
Что час уже пришел ему расстаться с светом,
И в простодушии там поднял я содом.
Собрался вкруг его весь дом.

Со страхом на его страданье все смотрели,
Помочь ему хотели,
Да не умели.
И наконец настал родов опасный час.
Ко удивленью наших глаз,
Мы думали, что он родит сынка иль дочку;
Но мой шалун родил негодной прозы строчку.

Роща и Огонь

С разбором выбирай друзей.
Когда корысть себя личиной дружбы кроет,
Она тебе лишь яму роет.
Чтоб эту истину понять еще ясней,
Послушай басенки моей.

Зимою Огонек под Рощей тлился;
Как видно, тут он был дорожными забыт.
Час от часу Огонь слабее становился;
Дров новых нет; Огонь мой чуть горит
И, видя свой конец, так Роще говорит:
"Скажи мне, Роща дорогая!
За что твоя так участь жестока,
Что на тебе не видно ни листка
И мерзнешь ты совсем нагая?" -
"Затем, что, вся в снегу,
Зимой ни зеленеть, ни цвесть я не могу", -
Огню так Роща отвечает.
"Безделица! - Огонь ей продолжает, -
Лишь подружись со мной; тебе я помогу.
Я солнцев брат и зимнею порою
Чудес не меньше солнца строю.

Спроси в теплицах об Огне:

Зимой, когда кругом и снег и вьюга веет,

Там всё или цветет, иль зреет:

А всё за всё спасибо мне.

Хвалить себя хоть не пристало,

И хвастовства я не люблю,

Но солнцу в силе я никак не уступлю,

Как здесь оно спесиво ни блистало,

Но без вреда снегам спустилось на ночлег;

А около меня, смотри, как тает снег,

Так если зеленеть желаешь ты зимою,

Как летом и весною,

Дай у себя мне уголок!"

Вот дело слажено: уж в Роще Огонек

Становится Огнем; Огонь не дремлет:

Бежит по ветвям, по сучкам;

Клубами черный дым несется к облакам,

И пламя лютое всю Рощу вдруг объемлет.

Погибло все вконец, - и там, где в знойны дни!

Прохожий находил убежище в тени,

Лишь обгорелые пеньки стоят одни.

И нечему дивиться:

Как дереву с огнем дружиться?

Ручей

Пастух у ручейка пел жалобно, в тоске,

Свою беду и свой урон невозвратимый:

Ягненок у него любимый

Недавно утонул в реке.

Услыша пастуха, Ручей журчит сердито:

"Река несытая! что, если б дно твое

Так было, как мое,
Для всех и ясно и открыто
И всякий видел бы на тинистом сем дне
Все жертвы, кои ты столь алчно проглотила?
Я, чай бы, со стыда ты землю сквозь прорыла
И в темных пропастях себя сокрыла.
Мне кажется, когда бы мне
Дала судьба обильные столь воды,
Я, украшеньем став природы,
Не сделал курице бы зла:
Как осторожно бы вода моя текла
И мимо хижинки и каждого кусточка!
Благословляли бы меня лишь берега,
И я бы освежал долины и луга.
Но с них бы не унес листочка.
Ну, словом, делая путем моим добро,
Не приключа нигде ни бед, ни горя,
Вода моя до самого бы моря
Так докатилася чиста, как серебро".
Так говорил Ручей, так думал в самом деле.
И что ж? Не минуло недели,
Как туча ливная над ближнею горой
Рассеялась:
Богатством вод Ручей сравнялся вдруг с рекой;
Но, ах! куда в Ручье смиренность делась?
Ручей из берегов бьет мутною водой,
Кипит, ревет, крутит нечисту пену в клубы,
Столетние валяет дубы,
Лишь трески слышны вдалеке;
И самый тот пастух, за коего реке
Пенял недавно он таким кудрявым складом,
Погиб со всем своим в нем стадом,
А хижины его пропали и следы.

Как много ручейков текут так смирно, гладко
И так журчат для сердца сладко,
Лишь только оттого, что мало в них воды!

Рыбья пляска

От жалоб на судей,
На сильных и на богачей
Лев, вышед из терпенья,
Пустился сам свои осматривать владенья.
Он и́дет, а Мужик, расклавши огонек,
Наудя рыб, изжарить их сбирался.
Бедняжки прыгали от жару кто как мог;
Всяк, видя близкий свой конец, метался.
На Мужика разинув зев,
«Кто ты? что делаешь?» спросил сердито Лев.
«Всесильный царь!» сказал Мужик, оторопев,
«Я старостою здесь над водяным народом;
А это старшины, все жители воды;
Мы собрались сюды
Поздравить здесь тебя с твоим приходом».—
«Ну, как они живут? Богат ли здешний край?»
«Великий государь! Здесь не житье им — рай.
Богам о том мы только и молились,
Чтоб дни твои бесценные продлились».
   (А рыбы между тем на сковородке бились.)
«Да отчего же», Лев спросил: «скажи ты мне,
Они хвостами так и головами машут?» —
«О, мудрый царь!» Мужик ответствовал: «оне
От радости, тебя увидя, пляшут».
Тут, старосту лизнув Лев милостливо в грудь,
Еще изволя раз на пляску их взглянуть,
Отправился в дальнейший путь.

Рыцарь

Какой-то Рыцарь в старину,
Задумавши искать великих приключений,
Собрался на войну
Противу колдунов и против привидений;
Вздел латы и велел к крыльцу подвесть коня.
Но прежде, нежели в седло садиться,
Он долгом счел к коню с сей речью обратиться:
"Послушай, ретивой и верный конь, меня:
Ступай через поля, чрез горы, чрез дубравы,
Куда глаза твои глядят,
Как рыцарски законы нам велят,
И путь отыскивай в храм славы!
Когда ж Карачуновя злобных усмирю,
В супружество княжну китайскую добуду
И царства два-три покорю, -
Тогда трудов твоих, мой друг, я не забуду;
С тобой всю славу разделю:
Конюшню, как дворец огромный,
Построить для тебя велю,
А летом отведу луга тебе поемны.
Теперь знаком ты мало и с овсом,
Тогда ж пойдет у нас обилие во всем:
Ячмень твой будет корм, сыта медова - пойло".
Тут Рыцарь прыг в седло и бросил повода,
А лошадь молодца, не ездя ни куда,
Прямехонько примчала в стойло.

Свинья под дубом

Свинья под Дубом вековым
Наелась желудей досыта, до отвала;
Наевшись, выспалась под ним;
Потом, глаза продравши, встала
И рылом подрывать у Дуба корни стала.
"Ведь это дереву вредит",
Ей с Дубу ворон говорит:
"Коль корни обнажишь, оно засохнуть может".-
"Пусть сохнет", говорит Свинья:
"Ничуть меня то не тревожит;
В нем проку мало вижу я;
Хоть век его не будь, ничуть не пожалею,
Лишь были б желуди: ведь я от них жирею".-
"Неблагодарная!" примолвил Дуб ей тут:
"Когда бы вверх могла поднять ты рыло,
Тебе бы видно было,
Что эти желуди на мне растут".

Невежда также в ослепленье
Бранит науки и ученье,
И все ученые труды,
Не чувствуя, что он вкушает их плоды.

Свинья

Свинья на барский двор когда-то затесалась;
Вокруг конюшен там и кухонь наслонялась;
В сору, в навозе извалялась;
В помоях по уши досыта накупалась:

И из гостей домой
Пришла свинья свиньей.
"Ну, что ж, Хавронья, там ты видела такого?
Свинью спросил пастух.-
Ведь идет слух,
Что все у богачей лишь бисер да жемчуг
А в доме так одно богатее другого?"
Хавронья хрюкает: "Ну, право, порют вздор.
Я не приметила богатства никакого:
Все только лишь навоз да сор;
А, кажется, уж, не жалея рыла,
Я там изрыла
Весь задний двор".

Не дай бог никого сравненьем мне обидеть!
Но как же критика Хавроньей не назвать,
Который, что ни станет разбирать,
Имеет дар одно худое видеть?

Синица

Синица на море пустилась:
Она хвалилась,
Что хочет море сжечь.
Расславилась тотчас о том по свету речь.
Страх обнял жителей Нептуновой столицы[24];
Летят стадами птицы;
А звери из лесов сбегаются смотреть,
Как будет Океан, и жарко ли гореть.
И даже, говорят, на слух молвы крылатой,
Охотники таскаться по пирам

---

[24] Нептун - у древних римлян бог моря "Нептунова столица" - море.

Из первых с ложками явились к берегам,
Чтоб похлебать ухи такой богатой,
Какой-де откупщик[25] и самый тароватый[26]
Не давывал секретарям.
Толпятся: чуду всяк заранее дивится,
Молчит и, на море глаза уставя, ждет;
Лишь изредка иной шепнет:
"Вот закипит, вот тотчас загорится!"
Не тут-то: море не горит.
Кипит ли хоть? - и не кипит.
И чем же кончились затеи величавы?
Синица со стыдом всвояси уплыла;
Наделала Синица славы,
А море не зажгла.

Примолвить к речи здесь годится,
Но ничьего не трогая лица:
Что делом, не сведя конца,
Не надобно хвалиться.

Скварец

У всякого талант есть свой;
Но часто, на успех прельщаяся чужой,
Хватается за то иной,
В чем он совсем не годен.
А мой совет такой:
Берись за то, к чему ты сроден,

---

[25] Откупщик - богатый купец, откупавший у царского правительства право торговать водкой, табаком и т. п.
[26] Тороватый- щедрый.

Коль хочешь, чтоб в делах успешный был конец.

Какой-то смолоду Скворец

Так петь щегленком научился,

Как будто бы щегленком сам родился.

Игривым голоском весь лес он веселил,

И всякий Скворушку хвалил.

Иной бы был такой доволен частью;

Но Скворушка услышь, что хвалят соловья, -

А Скворушка завистлив был, к несчастью, -

И думает: "Постойте же, друзья,

Спою не хуже я

И соловьиным ладом".

И подлинно запел,

Да только лишь совсем особым складом:

То он пищал, то он хрипел,

То верещал козленком,

То непутем

Мяукал он котенком;

И, словом, разогнал всех птиц своим пеньем.

Мой милый Скворушка, ну что за прибыль в том?

Пой лучше хорошо щегленком,

Чем дурно соловьем.

Скупой

Какой-то домовой стерег богатый клад,

Зарытый под землей; как вдруг ему наряд

От демонского воеводы

Лететь за тридевять земель на многи годы.

А служба такова: хоть рад, или не рад,

Исполнить должен повеленье.

Мой домовой в большом недоуменье,

Как без себя сокровище сберечь?

Кому его стеречь?

Нанять смотрителя, построить кладовые:

Расходы надобно большие;

Оставить так его, так может клад пропасть;

Нельзя ручаться ни за сутки;

И вырыть могут и украсть:

На деньги люди чутки.

Хлопочет, думает и вздумал наконец.

Хозяин у него был скряга и скупец.

Дух, взяв сокровище, является к Скупому

И говорит: "Хозяин дорогой!

Мне в дальние страны показан путь из дому;

А я всегда доволен был тобой:

Так на прощанье, в знак приязни,

Мои сокровища принять не откажись!

Пей, ешь, и веселись,

И трать их без боязни!

Когда же придет смерть твоя,

То твой один наследник я:

Вот все мое условье;

А впрочем, да продлит судьба твое здоровье!"

Сказал и в путь. Прошел десяток лет, другой.

Исправя службу, домовой

Летит домой

В отечески пределы.

Что ж видит? О восторг! Скупой с ключом в руке

От голода издох на сундуке

И все червонцы целы.

Тут Дух опять свой клад

Себе присвоил

И был сердечно рад,

Что сторож для него ни денежки не стоил.

Когда у золота скупой не ест, не пьет,

Не домовому ль он червонцы бережет?

Скупой и Курица

Скупой теряет все, желая все достать.
Чтоб долго мне примеров не искать,
Хоть есть и много их, я в том уверен;
Да рыться лень: так я намерен
Вам басню старую сказать.

Вот что в ребячестве читал я про Скупого,
Был человек, который никакого
Не знал ни промысла, ни ремесла,
Но сундуки его полнели очевидно.
Он Курицу имел (как это не завидно!),
Котора яйца несла,
Но не простые,
А золотые.
Иной бы и тому был рад,
Что понемногу он становится богат;
Но этого Скупому мало,
Ему на мысли вспало,
Что, взрезав Курицу, он в ней достанет клад.
И так, забыв ее к себе благодеянье,
Неблагодарности не побоясь греха,
Ее зарезал он. И что же? В воздаянье
Он вынул из нее простые потроха.

Слон на воеводстве

Кто знатен и силен,
Да не умен,
Так худо, ежели и с добрым сердцем он.

На воеводство был в лесу посажен Слон.
Хоть, кажется, слонов и умная порода,
Однако же в семье не без урода;
Наш Воевода[27]
В родню был толст,
Да не в родню был прост;
А с умыслу он мухи не обидит,
Вот добрый Воевода видит -
Вступило от овец прошение в Приказ[28]:
"Что волки-де совсем сдирают кожу с нас". -
"О плуты! - Слон кричит. - Какое преступленье!
Кто грабить дал вам позволенье?"
А волки говорят: "Помилуй, наш отец!
Не ты ль нам к зиме на тулупы
Позволил легонький оброк собрать с овец?
А что они кричат, так овцы глупы:
Всего-то придет с них с сестры по шкурке снять,
Да и того им жаль отдать". -
"Ну то-то ж, - говорит им Слон, - смотрите!
Неправды я не потерплю ни в ком:
По шкурке, так и быть, возьмите;
А больше их не троньте волоском".

Слон и Моська

По улицам Слона водили,
Как видно напоказ
Известно, что Слоны в диковинку у нас

---

[27] Воевода - начальник войск, а также начальник города или округа в старой Руси.
[28] Приказ - в старину Приказами назывались правительствен-ные учреждения.

Так за Слоном толпы зевак ходили.

Отколе ни возьмись, навстречу Моська им.

Увидевши Слона, ну на него метаться,

И лаять, и визжать, и рваться,

Ну, так и лезет в драку с ним.

"Соседка, перестань срамиться,-

Ей шавка говорит,- тебе ль с Слоном возиться?

Смотри, уж ты хрипишь, а он себе идет

Вперед

И лаю твоего совсем не примечает".

"Эх, эх! - ей Моська отвечает,-

Вот то-то мне и духу придает,

Что я, совсем без драки,

Могу попасть в большие забияки.

Пускай же говорят собаки:

"Ай, Моська! знать она сильна,

Что лает на Слона!"

Слон в случае

Когда-то в случай Слон попал у Льва.

В минуту по лесам прошла о том молва,

И так, как водится, пошли догадки,

Чем в милость втерся Слон?

Не то красив, не то забавен он;

Что за прием, что за ухватки!

Толкуют звери меж собой.

"Когда бы, - говорит, вертя хвостом, Лисица, -

Был у него пушистый хвост такой,

Я не дивилась бы". - "Или, сестрица, -

Сказал Медведь, - хотя бы по когтям

Он сделался случайным,

Никто того не счел бы чрезвычайным:
Да он и без когтей, то всем известно нам,
Да не вошел ли он в случай клыками?"
Вступился в речь их Вол:
"Уж не сочли ли их рогами?"
"Так вы не знаете, - сказал Осел,
Ушами хлопая, - чем мог он полюбиться
И в знать добиться?
А я так отгадал -
Без длинных бы ушей он в милость не попал",

Нередко мы, хотя того не примечаем,
Себя в других охотно величаем.

Собака

У барина была Собака шаловлива.
Хоть нужды не было Собаке той ни в чем:
Иная бы таким житьем
Была довольна и счастлива
И не подумала бы красть!
Но уж у ней была такая страсть:
Что из мясного ни достанет,
В минуту стянет.
Хозяин сладить с ней не мог,
Как он ни бился,
Пока его приятель не вступился
И в том ему советом не помог.
"Послушай, - говорит, - хоть, кажется, ты строг,
Но ты лишь красть Собаку приучаешь
Затем, что краденый кусок
Всегда ей оставляешь.

А ты вперед ее хоть меньше бей,
Да кражу отнимай у ней".
Едва лишь на себе Собака испытала
Совет разумный сей, -
Шалить Собака перестала.

Собака и Лошадь

У одного крестьянина служа,
Собака с Лошадью считаться как-то стали.
"Вот, - говорит Барбос, - большая госпожа!
По мне хоть бы тебя совсем с двора согнали.
Велика вещь возить или пахать!
Об удальстве твоем другого не слыхать:
И можно ли тебе равняться в чем со мною?
Ни днем, ни ночью я не ведаю покою:
Днем стадо под моим надзором на лугу,
А ночью дом я стерегу".
"Конечно, - Лошадь отвечала, -
Твоя правдива речь;
Однако же, когда б я не пахала,
То нечего б тебе здесь было и стеречь".

Собака, Человек, да Кошка, да Сокол

Друг другу поклялись однажды в дружбе вечной,
Нелестной, искренней, чистосердечной.

У них был общий дом, едва ль не общий стол;

Клялись делить они и радость и заботу,

Друг другу помогать,

Друг за друга стоять.

И, если надо, друг за друга умирать.

Вот как-то вместе все, отправясь на охоту,

Мои друзья

Далеко от дому отбились,

Умаялися, утомились

И отдохнуть пристали у ручья.

Тут задремали все, кто лежа, кто и сидя,

Как вдруг из лесу шасть

На них медведь разинув пасть.

Беду такую видя,

Сокол на воздух, Кошка в лес,

И Человек тут с жизнью бы простился;

Но верный Пес

Со зверем злым барахтаться схватился,

В него вцепился.

И, как медведь его жестоко ни ломал,

Как ни ревел от боли и от злости,

Пес, прохватя его до кости,

Повис на нем и зуб не разжимал,

Доколе с жизнию всех сил не потерял.

А Человек? К стыду, из нас не всякой

Сравнится в верности с собакой!

Пока медведь был занят дракой,

Он, подхватя ружье свое с собой,

Пустился без души домой.

На языке легка и ласка и услуга;

Но в нужде лишь узнать прямого можно друга.

Как редки таковы друзья!

И то сказать, как часто видел я,

Что так, как в басне сей был верный Пес оставлен,

Так тот,

Кто из хлопот

Был другом выручен, избавлен,
Его же покидал в беде,
Его же и ругал везде.

Собачья дружба

У кухни под окном
На солнышке Полкан с Барбосом, лежа, грелись.
Хоть у ворот перед двором
Пристойнее б стеречь им было дом,
Но как они уж понаелись -
И вежливые ж псы притом
Ни на кого не лают днем -
Так рассуждать они пустилися вдвоем
О всякой всячине: о их собачьей службе,
О худе, о добре и, наконец, о дружбе.
"Что может,- говорит Полкан,- приятней быть.
Как с другом сердце к сердцу жить;
Во всем оказывать взаимную услугу;
Не спить без друга и не съесть,
Стоять горой за дружню шерсть
И, наконец, в глаза глядеть друг другу,
Чтоб только улучить счастливый час,
Нельзя ли друга чем потешить, позабавить,
И в дружнем счастье все свое блаженство ставить!
Вот если б, например, с тобой у нас
Такая дружба завелась:
Скажу я смело,
Мы б и не видели, как время бы летело".
"А что же? это дело!-
Барбос ответствует ему.
Давно, Полканушка, мне больно самому,

Что, бывши одного двора с тобой собаки,
Мы дня не проживем без драки;
И из чего? Спасибо господам:
Ни голодно, ни тесно нам!
Притом же, право, стыдно:
Пес дружества слывет примером с давних дней.
А дружбы между псов, как будто меж людей,
Почти совсем не видно". -
"Явим же в ней пример мы в наши времена!-
Вскричал Полкан,- дай лапу!"- "Вот она!"
И новые друзья ну обниматься,
Ну целоваться;
Не знают с радости, к кому и приравняться:
"Орест мой!"- "Мой Пилад![29] " Прочь свары[30] ,
зависть, злость!
Тут повар на беду из кухни кинул кость.
Вот новые друзья к ней взапуски несутся:
Где делся и совет и лад?
С Пиладом мой Орест грызутся,-
Лишь только клочья вверх летят:
Насилу, наконец, их розлили водою.

Свет полон дружбою такою.
Про нынешних друзей льзя[31] молвить, не греша.
Что в дружбе все они едва ль не одинаки:
Послушать, кажется, одна у них душа,-
А только кинь им кость, так что твои собаки!

---

[29] Орест и Пилад - легендарные герои Древней Греции, прославившиеся своей крепкой дружбой.
[30] Свара - ссора, перебранка.
[31] Льзя - можно (старинное русское слово).

Совет Мышей

Когда-то вздумалось Мышам себя прославить
И, несмотря на кошек и котов,
Свести с ума всех ключниц, поваров
И славу о своих делах трубить заставить
От погребов до чердаков;
А для того Совет назначено составить,
В котором заседать лишь тем, у коих хвост
Длиной во весь их рост:
Примета у Мышей, что тот, чей хвост длиннее,
Всегда умнее
И расторопнее везде.
Умно ли то, теперь мы спрашивать не будем;
Притом же об уме мы сами часто судим
По платью иль по бороде.
Лишь нужно знать, что с общего сужденья
Всё длиннохвостых брать назначено в Совет;
У коих же хвоста, к несчастью, нет,
Хотя б лишились их они среди сраженья,
Но так как это знак иль неуменья,
Иль нераденья,
Таких в Совет не принимать.
Чтоб из-за них своих хвостов не растерять.
Все дело слажено; повещено собранье,
Как ночь настанет на дворе;
И, наконец, в мучном ларе
Открыто заседанье.
Но лишь позаняли места,
Ан, глядь, сидит тут крыса без хвоста.
Приметя то, седую Мышь толкает
Мышонок молодой
И говорит: "Какой судьбой
Бесхвостая здесь с нами заседает?
И где же делся наш закон?
Дай голос, чтоб ее скорее выслать вон.

Ты знаешь, как народ бесхвостых наш не любит;
И можно ль, чтоб она полезна нам была,
Когда и своего хвоста не сберегла?
Она не только нас, подполицу всю губит".
А Мышь в ответ: "Молчи! все знаю я сама;
Да эта крыса мне кума".

Сокол и Червяк

В вершине дерева, за ветку уцепясь,
Червяк на ней качался.
Над Червяком Сокол, по воздуху носясь,
Так с высоты шутил и издевался:
"Каких ты, бедненький, трудов не перенес!
Что ж прибыли, что ты высоко так заполз?
Какая у тебя и воля и свобода?
И с веткой гнешься ты, куда велит погода". -
"Тебе шутить легко, -
Червяк ответствует, - летая высоко,
Затем, что крыльями и силен ты, и крепок;
Но мне судьба дала достоинства не те:
Я здесь, на высоте,
Тем только и держусь, что я, по счастью, цепок!"

Соловьи

Какой-то птицелов
Весною наловил по рощам Соловьев.

Певцы рассажены по клеткам и запели,
Хоть лучше б по лесам гулять они хотели:
Когда сидишь в тюрьме до песен ли уж тут?
Но делать нечего: поют,
Кто с горя, кто от скуки.
Из них один бедняжка Соловей
Терпел всех боле муки:
Он разлучен с подружкой был своей.
Ему тошнее всех в неволе.
Сквозь слез из клетки он посматривает в поле;
Тоскует день и ночь;
Однако ж думает: "Злу грустью не помочь:
Безумный плачет лишь от бедства,
А умный ищет средства,
Как делом горю пособить;
И, кажется, беду могу я с шеи сбыть:
Ведь нас не с тем поймали, чтобы скушать.
Хозяин, вижу я, охотник песни слушать.
Так если голосом ему я угожу,
Быть может, тем себе награду заслужу,
И он мою неволю окончает".
Так рассуждал - и начал мой певец:
И песнью он зарю вечерню величает,
И песнями восход он солнечный встречает.
Но что же вышло, наконец?
Он только отягчил свою тем злую долю.
Кто худо пел, для тех давно
Хозяин отворил и клетки и окно
И распустил их всех на волю;
А мой бедняжка Соловей,
Чем пел приятней и нежней,
Тем стерегли его плотней.

Сочинитель и разбойник

В жилище мрачное теней
На суд предстали пред судей
В один и тот же час: Грабитель
(Он по большим дорогам разбивал,
И в петлю, наконец, попал);
Другой был славою покрытый Сочинитель:
Он тонкий разливал в своих твореньях яд,
Вселял безверие, укоренял разврат,
Был, как Сирена, сладкогласен
И, как Сирена, был опасен.
В аду обряд судебный скор;
Нет проволочек бесполезных:
В минуту сделан приговор.
На страшных двух цепях железных
Повешены больших чугунных два котла:
В них виноватых рассадили,
Дров под Разбойника большой костер взвалили;
Сама Мегера их зажгла
И развела такой ужасный пламень,
Что трескаться стал в сводах адских камень.
Суд к Сочинителю, казалось, был не строг;
Под ним сперва чуть тлелся огонёк;
Но там, чем далее, тем боле разгорался.
Вот веки протекли, огонь не унимался.
Уж под Разбойником давно костер погас:
Под Сочинителем он злей с часу на час.
Не видя облегченья,
Писатель, наконец, кричит среди мученья,
Что справедливости в богах нимало нет;
Что славой он наполнил свет
И ежели писал немножко вольно,
То слишком уж за то наказан больно;
Что он не думал быть Разбойника грешней.
Тут перед ним, во всей красе своей,

С шипящими между волос змеями,
С кровавыми в руках бичами,
Из адских трех сестер явилася одна.
"Несчастный! - говорит она, -
Ты ль Провидению пеняешь?
И ты ль с Разбойником себя равняешь?
Перед твоей ничто его вина.
По лютости своей и злости,
Он вреден был,
Пока лишь жил;
А ты... уже твои давно истлели кости,
А солнце разу не взойдет,
Чтоб новых от тебя не осветило бед.
Твоих творений яд не только не слабеет,
Но, разливаяся, век от веку лютеет.
Смотри (тут свет ему узреть она дала),
Смотри на злые все дела
И на несчастия, которых ты виною!
Вон дети, стыд своих семей, -
Отчаянье отцов и матерей:
Кем ум и сердце в них отравлены? - тобою.
Кто, осмеяв, как детские мечты,
Супружество, начальства, власти,
Им причитал в вину людские все напасти
И связи общества рвался расторгнуть? - ты.
Не ты ли величал безверье просвещеньем?
Не ты ль в приманчивый, в прелестный вид облек
И страсти и порок?
И вон опоена твоим ученьем,
Там целая страна
Полна
Убийствами и грабежами,
Раздорами и мятежами
И до погибели доведена тобой!
В ней каждой капли слез и крови - ты виной.
И смел ты на богов хулой вооружиться?
А сколько впредь еще родится

От книг твоих на свете зол!
Терпи ж; здесь по делам тебе и казни мера!" -
Сказала гневная Мегера
И крышкою захлопнула котел.

Старик и трое молодых

Старик садить сбирался деревцо.
"Уж пусть бы строиться; да как садить в те лета,
Когда уж смотришь вон из света!-
Так, Старику смеясь в лицо,
Три взрослых юноши соседних рассуждали.-
Чтоб плод тебе твои труды желанный дали,
То надобно, чтоб ты два века жил.
Неужли будешь ты второй Мафусаил?
Оставь, старинушка, свои работы:
Тебе ли затевать столь дальние расчеты,
Едва ли для тебя текущий верен час?
Такие замыслы простительны для нас:
Мы молоды, цветем и крепостью и силой,
А старику пора знакомиться с могилой".-
"Друзья!- смиренно им ответствует Старик,-
Из детства я к трудам привык;
А если от того, что делать начинаю,
Не мне лишь одному я пользы ожидаю,
То, признаюсь,
За труд такой еще охотнее берусь.
Кто добр, не все лишь для себя трудится.
Сажая деревцо, и тем я веселюсь,
Что если от него сам тени не дождусь,
То внук мой некогда сей тенью насладится,
И это для меня уж плод.
Да можно ль и за то ручаться наперед,

Кто здесь из нас кого переживет?
Смерть смотрит ли на молодость, на силу,
Или на прелесть лиц?
Ах, в старости моей прекраснейших девиц
И крепких юношей я провожал в могилу!
Кто знает: может быть, что ваш и ближе час
И что сыра земля покроет прежде вас".
Как им сказал Старик, так после то и было.
Один из них в торги пошел на кораблях:
Надеждой счастие сперва ему польстило;
Но бурею корабль разбило,-
Надежду и пловца - все море поглотило.
Другой в чужих землях,
Предавшися порока власти,
За роскошь, негу и за страсти
Здоровьем, а потом и жизнью заплатил.
А третий - в жаркий день холодного испил
И слег: его врачам искусным поручили,
А те его до смерти залечили.
Узнавши о кончине их,
Наш добрый Старичок оплакал всех троих.

Стрекоза и муравей

Попрыгунья Стрекоза
Лето красное пропела;
Оглянуться не успела,
Как зима катит в глаза.
Помертвело чисто поле;
Нет уж дней тех светлых боле,
Как под каждым ей листком
Был готов и стол и дом.

Всё прошло: с зимой холодной
Нужда, голод настает;
Стрекоза уж не поет:
И кому же в ум пойдет
На желудок петь голодный!
Злой тоской удручена,
К Муравью ползет она:
"Не оставь меня, кум милый!
Дай ты мне собраться с силой
И до вешних только дней
Прокорми и обогрей!"-
"Кумушка, мне странно это:
Да работала ль ты в лето?"-
Говорит ей Муравей.
"До того ль, голубчик, было?
В мягких муравах[32] у нас -
Песни, резвость всякий час,
Так что голову вскружило".-
"А, так ты..." - "Я без души
Лето целое всё пела".-
"Ты всё пела? Это дело:
Так пойди же, попляши!"

Стыдливый игрок

Случилось некогда мне быть в шумливом мире;
Сказать ясней, мне быть случилося в трактире;
Хотя немного там увидеть льзя добра,
Однакож тут велась изрядная игра.
Из всех других поудалее
Один был рослый молодец,

---

[32] Муравй - трава.

Беспутства был он образец
И карты ставил он и гнул смелее;
И вдруг
Спустил все деньги с рук.
Спустил, а на кредит никто ему не верит,
Хоть, кажется, в божбе Герой не лицемерит.
Озлился мой болван
И карту с транспортом поставил на кафтан.
Гляжу чрез час: Герой остался мой в камзоле,
Как пень на чистом поле;
Тогда к нему пришел
От батюшки посол
И говорит: «Отец совсем твой умирает,
С тобой проститься он желает
И приказал к себе просить».
«Скажи ему,— сказал мой фаля,—
Что здесь бубновая сразила меня краля;
Так он ко мне сам может быть.
Ему сюда прийти нимало не обидно;
А мне по улице идти без сапогов,
Без платья, шляпы и чулков,
Ужасно стыдно».

Судьба играков

Вчерась приятеля в карете видел я;
Бедняк — приятель мой, я очень удивился,
Чем столько он разжился?
А он поведал мне всю правду, не тая,
Что картами себе именье он доставил
И выше всех наук игру картежну ставил.
Сегодня же пешком попался мне мой друг.

«Конечно,— я сказал,— спустил уж все ты с рук?»
А он, как философ, гласил в своем ответе:
«Ты знаешь, колесом вертится все на свете».

Тень и Человек

Шалун какой-то тень свою хотел поймать:
Он к ней, она вперед; он шагу прибавлять,
Она туда ж; он, наконец, бежать.
Но чем он прытче, тем и тень скорей бежала,
Все не даваясь, будто клад.
Вот мой чудак пустился вдруг назад;
Оглянется, а тень за ним уж гнаться стала.

Красавицы! слыхал я много раз:
Вы думаете что? Нет, право, не про вас,
А что бывает то ж с фортуною у нас;
Иной лишь труд и время губит,
Стараяся настичь ее из силы всей;
Другой, как кажется, бежит совсем от ней:
Так нет, за тем она сама гоняться любит.

Три мужика

Три Мужика зашли в деревню ночевать.
Здесь, в Питере, они извозом промышляли;
Поработали, погуляли
И путь теперь домой на родину держали.

А так как Мужичок не любит тощий спать,
То ужинать себе спросили гости наши.
В деревне что за разносол:
Поставили пустых им чашку щей на стол,
Да хлеба подали, да, что осталось, каши.
Не то бы в Питере, да не о том уж речь;
Все лучше, чем голодным лечь.
Вот Мужички перекрестились
И к чаше приютились.
Как тут один, посметливей из них,
Увидя, что всего немного для троих,
Смекнул, как делом тем поправить
(Где силой взять нельзя, там надо полукавить).
"Ребята, - говорит, - вы знаете Фому,
Ведь в нынешний набор забреют лоб ему". -
"Какой набор?" - "Да так. Есть слух - война с Китаем.
Наш Батюшка велел взять дань с Китайцев чаем".
Тут двое принялись судить и рассуждать
(Они же грамоте, к несчастью, знали:
Газеты и, подчас, реляции читали),
Как быть войне, кому повелевать.
Пустилися мои ребята в разговоры,
Пошли догадки, толки, споры;
А наш того, лукавец, и хотел:
Пока они судили, да рядили,
Да войска разводили,
Он ни гугу - и щи, и кашу, все приел.

Иному, до чего нет дела,
О том толкует он охотнее всего,
Что будет с Индией, когда и от чего,
Так ясно для него;
А поглядишь - у самого
Деревня между глаз сгорела.

Тришкин кафтан

У Тришки на локтях кафтан продрался.
Что долго думать тут? Он за иглу принялся:
По четверти обрезал рукавов -
И локти заплатил. Кафтан опять готов;
Лишь на четверть голее руки стали.
Да что до этого печали?
Однако же смеется Тришке всяк,
А Тришка говорит: "Так я же не дурак
И ту беду поправлю:
Длиннее прежнего я рукава наставлю".
О, Тришка малый не простой!
Обрезал фалды он и полы,
Наставил рукава, и весел Тришка мой,
Хоть носит он кафтан такой,
Которого длиннее и камзолы.

Таким же образом, видал я, иногда
Иные господа,
Запутавши дела, их поправляют,
Посмотришь: в Тришкином кафтане щеголяют.

Троеженец

Какой-то греховодник
Женился от живой жены еще на двух.
Лишь до Царя о том донесся слух
(А Царь был строг и не охотник
Таким соблазнам потакать),
Он Многоженца вмиг велел под суд отдать

222

И выдумать ему такое наказанье,
Чтоб в страх привесть народ
И покуситься бы никто не мог вперед
На столь большое злодеянье:
"А коль увижу-де, что казнь ему мала,
Повешу тут же всех судей вокруг стола".
Судьям худые шутки:
В холодный пот кидает их боязнь.
Судьи толкуют трои сутки,
Какую б выдумать преступнику им казнь.
Их есть и тысячи; но опытами знают,
Что все они людей от зла не отучают.
Однако ж, наконец, их надоумил бог.
Преступник призван в суд для объявленья
Судейского решенья,
Которым, с общего сужденья,
Приговорили: жен отдать ему всех трех.
Народ суду такому изумился
И ждал, что Царь велит повесить всех судей;
Но не прошло четырех дней,
Как Троеженец удавился;
И этот приговор такой наделал страх,
Что с той поры на трех женах
Никто в том царстве не женился.

Трудалюбивый медведь

Увидя, что мужик, трудяся над дугами,
Их прибыльно сбывает с рук
(А дуги гнут с терпеньем и не вдруг).
Медведь задумал жить такими же трудами.
Пошел по лесу треск и стук,

И слышно за версту проказу.
Орешника, березника и вязу
Мой Мишка погубил несметное число,
А не дается ремесло
Вот идет к мужику он попросить совета
И говорит: "Сосед, что за причина эта?
Деревья-таки я ломать могу,
А не согнул ни одного в дугу.
Скажи, в чем есть тут главное уменье?"
"В том, - отвечал сосед, - Чего в тебе, кум, вовсе нет:
В терпенье".

Туча

Над изнуренною от зноя стороною
Большая Туча пронеслась;
Ни каплею ее не освежа одною,
Она большим дождем над морем пролилась
И щедростью своей хвалилась пред Горою,
"Что сделала добра
Ты щедростью такою?
Сказала ей Гора. -
И как смотреть на то не больно!
Когда бы на поля свой дождь ты пролила,
Ты б область целую от голоду спасла:
А в море без тебя, мой друг, воды довольно",

Филин и Осел

Слепой Осел в лесу с дороги сбился
(Он в дальний путь было пустился).
Но к ночи в чащу так забрел мой сумасброд,
Что двинуться не мог ни взад он, ни вперед.
И зрячему бы тут не выйти из хлопот,
Но Филин вблизости, по счастию, случился
И взялся быть Ослу проводником.
Все знают, Филины как ночью зорки:
Стремнины, рвы, бугры, пригорки,
Все это различал мой Филин будто днем
И к утру выбрался на ровный путь с Ослом.
Ну, как с проводником таким расстаться?
Вот просит Филина Осел, чтоб с ним остаться,
И вздумал изойти он с Филином весь свет.
Мой Филин господином
Уселся на хребте Ослином,
И стали путь держать; счастливо ль только? Нет:
Лишь солнце на небе поутру заиграло,
У Филина в глазах темнее ночи стало.
Однако ж Филин мой упрям;
Ослу советует и вкось и впрям.
"Остерегись! - кричит, - направо будем в луже".
Но лужи не было, а влево вышло хуже.
"Еще левей возьми, еще левее шаг!"
И бух Осел, и с Филином, в овраг,

Фортуна в гостях

На укоризну мы Фортуне тороваты:
Кто не в чинах, кто не богат,

За все, про все ее бранят,

А поглядишь, так сами виноваты.

Слепое счастие, шатаясь меж людей,

Не вечно у вельмож гостит и у царей,

Оно и в хижине твоей,

Быть может, погостить когда-нибудь пристанет:

Лишь время не терять умей,

Когда оно к тебе заглянет;

Минута с ним одна, кто ею дорожит,

Терпенья годы наградит.

Когда ж ты не умел при счастье поживиться,

То не Фортуне ты, себе за то пеняй

И знай,

Что, может, век она к тебе не возвратится.

Домишко старенький край города стоял;

Три брата жили в нем и не могли разжиться:

Ни в чем им как-то не спорится.

Кто что из них ни затевал,

Все остается без успеха,

Везде потеря иль помеха;

По их словам, вина Фортуны в том была.

Вот невидимкой к ним Фортуна забрела

И, тронувшись их бедностью большою,

Им помогать решилась всей душою,

Какие бы они ни начали дела,

И прогостить у них все лето.

Все лето: шутка ль это!

Пошли у бедняков дела другой статьей.

Один из них хоть был торгаш плохой,

А тут, что ни продаст, ни купит,

Барыш на всем большой он слупит;

Забыл совсем, что есть наклад,

И скоро стал, как Крез, богат.

Другой в Приказ пошел: иною бы порою

Завяз он в писарях с своею головою;

Теперь ему со всех сторон
Удача:
Что даст обед, что сходит на поклон, -
Иль чин, иль место схватит он;
Посмотришь, у него деревня, дом и дача.
Теперь вы спросите: что ж третий получил?
Ведь, верно, и ему Фортуна помогала?
Конечно: с ним она почти не отдыхала.
Но третий брат все лето мух ловил,
И так счастливо,
Что диво!
Не знаю, прежде он бывал ли в том горазд:
А тут труды его не втуне.
Как ни взмахнет рукой, благодаря Фортуне
Ни разу промаху не даст.
Вот гостья между тем у братьев нагостилась
И дале в путь пустилась.
Два брата в барышах: один из них богат,
Другой еще притом в чинах; а третий брат
Клянет судьбу, что он Фортуной злою
Оставлен лишь с сумою.
Читатель, будь ты сам судьею,
Кто ж в этом виноват?

Фортуна и нищий

С истертою и ветхою сумой
Бедняжка-нищенький под оконьем таскался
И, жалуясь на жребий свой,
Нередко удивлялся,
Что люди, живучи в богатых теремах,
По горло в золоте, в довольстве и сластях,

Как их карманы ни набиты,
Еще не сыты!
И даже до того,
Что, без пути алкая
И нового богатства добывая,
Лишаются нередко своего
Всего.
Вон бывший, например, того хозяин дому
Пошел счастливо торговать;
Расторговался в пух. Тут, чем бы перестать
И достальной свой век спокойно доживать,
А промысел оставить свой другому, -
Он в море корабли отправил по весне;
Ждал горы золота; но корабли разбило;
Сокровища его все море поглотило;
Теперь они на дне,
И видел он себя богатым, как во сне.
Другой, тот в откупа пустился
И нажил было миллион,
Да мало: захотел его удвоить он,
Забрался по уши и вовсе разорился.
Короче, тысячи таких примеров есть;
И поделом: знай честь!
Тут Нищему Фортуна вдруг предстала
И говорит ему:
"Послушай, я помочь давно тебе желала;
Червонцев кучу я сыскала;
Подставь свою суму;
Ее насыплю я, да только с уговором:
Все будет золото, в суму что попадет,
Но если из сумы что на пол упадет,
То сделается сором.
Смотри ж, я наперед тебя остерегла:
Мне велено хранить условье наше строго,
Сума твоя ветха, не забирайся много,
Чтоб вынести она могла".

Едва от радости мой Нищий дышит
И под собой земли не слышит!
Расправил свой кошель, и щедрою рукой
Тут полился в него червонцев дождь златой:
Сума становится уж тяжеленька.
"Довольно ль?"- "Нет еще".- "Не треснула б".- "Не бойсь".
"Смотри, ты Крезом стал".- "Еще, еще маленько:
Хоть горсточку прибрось".
"Эй, полно! Посмотри, сума ползет уж врозь".
"Еще щепоточку". Но тут кошель прорвался,
Рассыпалась казна и обратилась в прах,
Фортуна скрылася: одна сума в глазах,
И Нищий нищеньким по-прежнему остался.

Хмель

Хмель выбежал на огороде
И вкруг сухой тычинки виться стал;
А в поле близко дуб молоденький стоял.
"Что в этом пользы есть уроде,
Да и во всей его природе?
Так про дубок тычинке Хмель жужжал.
Ну, как его сравнить с тобою?
Ты барыня пред ним одной лишь прямизною.
Хоть листьем, правда, он одет,
Да что за жесткость, что за цвет!
За что его земля питает?"
Меж тем, едва неделя протекает,
Хозяин на дрова тычинку ту сломил,
А в огород дубок пересадил.
И труд ему с большим успехом удается:
Дубок и принялся и отпрыски пустил:

Посмотришь, около него мой Хмель уж вьется,
И дубу от него вся честь и похвала!

Такие ж у льстеца поступки и дела:
Он на тебя несет тьму небылиц и бредней;
И как ты хочешь, так трудись,
Но у него в хороших быть не льстись;
А только в случай попадись -
Он первый явится в передней.

Хозяин и Мыши

Коль в доме станут воровать,
А нет прилики вору,
То берегись клепать
Или наказывать всех сплошь и без разбору:
Ты вора этим не уймешь
И не исправишь,
А только добрых слуг с двора бежать заставишь,
И от меньшой беды в большую попадешь.

Купчина выстроил анбары
И в них поклал съестные все товары.
А чтоб мышиный род ему не навредил,
Так он полицию из кошек учредил.
Спокоен от Мышей Купчина;
По кладовым и день и ночь дозор;
И все бы хорошо, да сделалась причина:
В дозорных появился вор.
У кошек, как у нас (кто этого не знает?),
Не без греха в надсмотрщиках бывает.
Тут, чем бы вора подстеречь

И наказать его, а правых поберечь,
Хозяин мой велел всех кошек пересечь.
Услыша приговор такой замысловатый,
И правый тут, и виноватый
Скорей с двора долой.
Без кошек стал Купчина мой.
А Мыши лишь того и ждали и хотели:
Лишь кошки вон, они - в анбар,
И в две иль три недели
Поели весь товар.

Цветы

В отворенном окне богатого покоя,
В фарфоровых, расписанных горшках,
Цветы поддельные, с живыми вместе стоя,
На проволочных стебельках
Качалися спесиво
И выставляли всем красу свою на диво.
Вот дождик начал накрапать.
Цветы тафтяные Юпитера тут просят:
Нельзя ли дождь унять;
Дождь всячески они ругают и поносят.
"Юпитер! - молятся, - ты дождик прекрати,
Что в нем пути
И что его на свете хуже?
Смотри, нельзя по улице пройти:
Везде лишь от него и грязь и лужи".
Однако же Зевес не внял мольбе пустой,
И дождь себе прошел своею полосой.
Прогнавши зной,
Он воздух прохладил; природа оживилась,

И зелень вся как будто обновилась.
Тогда и на окне Цветы живые все
Раскинулись во всей своей красе
И стали от дождя душистей,
Свежее и пушистей.
А бедные Цветы поддельные с тех пор
Лишились всей красы и брошены на двор,
Как сор.

Таланты истинны за критику не злятся:
Их повредить она не может красоты;
Одни поддельные цветы
Дождя боятся.

Червонец

Полезно ль просвещенье?
Полезно, слова нет о том.
Но просвещением зовем
Мы часто роскоши прельщенье
И даже нравов развращенье;
Так надобно гораздо разбирать,
Как станешь грубости кору с людей сдирать,
Чтоб с ней и добрых свойств у них не растерять,
Чтоб не ослабить дух их, не испортить нравы
Не разлучить их с простотой
И, давши только блеск пустой,
Бесславья не навлечь им вместо славы.
Об этой истине святой
Преважных бы речей на целу книгу стало;
Да важно говорить не всякому пристало:
Так с шуткой пополам
Я басней доказать ее намерен вам.

Мужик, простак, каких везде немало,
Нашел червонец на земли.
Червонец был запачкан и в пыли;
Однако ж пятаков пригоршни трои
Червонца на обмен крестьянину дают.
"Постой же, - думает мужик, - дадут мне вдвое;
Придумал кой-что я такое,
Что у меня его с руками оторвут".
Тут, взяв песку, дресвы и мелу
И натолокши кирпича,
Мужик мой приступает к делу.
И со всего плеча
Червонец о кирпич он точит,
Дресвой дерет,
Песком и мелом трет;
Ну, словом, так, как жар, его поставить хочет,
И подлинно, как жар, Червонец заиграл:
Да только стало
В нем весу мало,
И цену прежнюю Червонец потерял.

Червонец и Полушка

Не ведаю, какой судьбой
Червонец золотой
С Полушкою на мостовой
Столкнулся.
Металл сиятельный раздулся,
Суровый на свою соседку бросил взор
И так с ней начал разговор:
"Как ты отважилась, со скаредною рожей,
Казать себя моим очам?

Ты ведь презренная от князей и вельможей,
Ты, коей суждено валяться по сумам!
Ужель ты равной быть со мною возмечтала?"
"Никак", с покорностью Полушка отвечала,
"Я пред тобой мала: однако не тужу
И столько ж, как и ты, на свете сем служу
Я рубищем покрыту нищу
И дряхлой старостью поверженну во прах
Даю хоть грубую, ему полезну пищу,
И прохлаждаю жар в запекшихся устах;
Лишенна помощи, младенца я питаю
И жребий страждущих в темнице облегчаю.
Причиною убийств, коварств, измен и зла
Вовек я не была.
Я более горжусь служить всегда убогим:
Вдовицам, сиротам и воинам безногим,
Чем быть погребена во мраке сундуков
И умножать собой казну ростовщиков,
Заводчиков, скупяг и знатных шалунов.
А ты!.." Прохожий, их вдали еще увидя,
Тотчас к ним подлетел.
Приметя же их спор и споров ненавидя,
Он положил ему предел:
А попросту он их развел,
Отдав одну вдове, идущей с сиротою,
Другого ж подаря торгующей красою.

Чиж и голубь

Чижа захлопнула злодейка-западня:
Бедняжка в ней и рвался и метался,
А Голубь молодой над ним же издевался.

"Не стыдно ль, - говорит, - средь бела дня
Попался!
Не провели бы так меня:
За это я ручаюсь смело".
Ан, смотришь, тут же сам запутался в силок.
И дело!
Вперед чужой беде не смейся, Голубок.

Чиж и еж

Уединение любя,
Чиж робкий на заре чирикал про себя,
Не для того, чтобы похвал ему хотелось,
И не за что; так как-то пелось!
Вот, в блеске и во славе всей,
Феб лучезарный из морей
Поднялся.
Казалось, что с собой он жизнь принес всему,
И в сретенье ему
Хор громких соловьев в густых лесах раздался.
Мой Чиж замолк. "Ты что ж, -
Спросил его с насмешкой Еж, -
Приятель, не поешь?" -
"Затем, что голоса такого не имею,
Чтоб Феба я достойно величал, -
Сквозь слез Чиж бедный отвечал, -
А слабым голосом я Феба петь не смею".

Так я крушуся и жалею,
Что лиры Пиндара мне не дано в удел:
Я б Александра пел.

235

Щука

На Щуку подан в суд донос,
Что от нее житья в пруде не стало;
Улик представлен целый воз,
И виноватую, как надлежало,
На суд в большой лохани принесли.
Судьи невдалеке сбирались;
На ближнем их лугу пасли;
Однако ж имена в архиве их остались:
То были два Осла,
Две Клячи старые, да два иль три Козла;
Для должного ж в порядке дел надзора
Им придана была Лиса за Прокурора.
И слух между народа шел,
Что Щука Лисыньке снабжала рыбный стол;
Со всем тем, не было в судьях лицеприязни,
И то сказать, что Щукиных проказ
Удобства не было закрыть на этот раз.
Так делать нечего: пришло писать указ,
Чтоб виноватую предать позорной казни
И, в страх другим, повесить на суку.
"Почтенные судьи!- Лиса тут приступила,-
Повесить мало, я б ей казнь определила,
Какой не видано у нас здесь на веку:
Чтоб было впредь плутам и страшно, и опасно -
Так утопить ее в реке".- "Прекрасно!" -
Кричат судьи. На том решили все согласно,
И Щуку бросили - в реку!

Щука и кот

Беда, коль пироги начнет печи сапожник,
А сапоги тачать пирожник:
И дело не пойдет на лад,
Да и примечено стократ,
Что кто за ремесло чужое браться любит,
Тот завсегда других упрямей и вздорней;
Он лучше дело все погубит
И рад скорей
Посмешищем стать света,
Чем у честных и знающих людей
Спросить иль выслушать разумного совета.
Зубастой Щуке в мысль пришло
За кошачье приняться ремесло.
Не знаю: завистью ее лукавый мучил
Иль, может быть, ей рыбный стол наскучил?
Но только вздумала Кота она просить,
Чтоб взял ее с собой он на охоту
Мышей в амбаре половить.
"Да полно, знаешь ли ты эту, свет, работу? -
Стал Щуке Васька говорить. -
Смотри, кума, чтобы не осрамиться:
Недаром говорится,
Что дело мастера боится". -
"И, полно, куманек! Вот невидаль: мышей!
Мы лавливали и ершей". -
"Так в добрый час, пойдем!" Пошли, засели.
Натешился, наелся Кот,
И кумушку проведать он идет:
А Щука, чуть жива, лежит, разинув рот,
И крысы хвост у ней отъели.
Тут, видя, что куме совсем не в силу труд,
Кум замертво стащил ее обратно в пруд.
И дельно! Это, Щука,
Тебе наука:

Вперед умнее быть
И за мышами не ходить.

Ягненок

Как часто я слыхал такое рассужденье:
"По мне пускай что хочешь говорят
Лишь был бы я в душе не виноват!"
Нет; надобно еще уменье,
Коль хочешь в людях ты себя не погубить
И доброю наружность сохранить.
Красавицы! вам знать всего нужнее,
Что слава добрая вам лучше всех прикрас
И что она у вас
Весеннего цветка нежнее.
Как часто и душа и совесть в вас чиста,
Но лишний взгляд, словцо, одна неосторожность
Язвить злословью вас дает возможность -
И ваша слава уж не та.
Ужели не глядеть? Ужель не улыбаться:
Не то я говорю; но только всякий шаг
Вы свой должны обдумать так,
Чтоб было не к чему злословью и придраться.

Анюточка, мой друг!
Я для тебя и для твоих подруг
Придумал басенку. Пока еще ребенком,
Ты вытверди ее; не ныне, так вперед
С нее сберешь ты плод.
Послушай, что случилося с Ягненком.
Поставь свою ты куклу в уголок:
Рассказ мой будет короток.
Ягненок сдуру,

Надевши волчью шкуру,
Пошел по стаду в ней гулять:
Ягненок лишь хотел пощеголять;
Но, псы, увидевши повесу,
Подумали, что волк пришел из лесу,
Вскочили, кинулись к нему, свалили с ног
И, прежде нежели опомниться он мог,
Чуть по клочкам его не расхватили.
По счастью, пастухи, узнав, его отбили,
Но побывать у псов не шутка на зубах:
Бедняжка от такой тревоги
Насилу доволок в овчарню ноги;
А там он стал хиреть, потом совсем зачах
И простонал весь век свой без умолка,
А если бы Ягненок был умен:
И мысли бы боялся он
Похожим быть на волка.

Список